語文教學叢書

統編本
國中、高中國文教科書叢談

董金裕 著

目　次

陸　國民中學國文教科書統編本的演進與定位

下編　高中國文教科書部分

壹　改編「中國文化基本教材」的原則與用意

貳　《四書》教學在臺灣中小學的實施現況及檢討 —— 以教材為探討主題

附編

序言

　　筆者於民國七十二年，蒙高明老師推薦，應聘為國立編譯館國民中學國文教科書編審委員會委員，並兼編輯小組成員。民國七十七年，又蒙陳立夫老師推薦，應聘為國立編譯館高級中學國文科中國文化基本教材教科書編審委員會委員，並兼編輯小組成員。民國八十二年，復蒙黃錦鋐老師推薦，應聘為國立編譯館高級中學國文教科書編審委員會委員，並兼編輯小組成員。其後高級中學、國民中學教科書雖然分別於民國八十八年、民國九十一年，由統編本改為審定本，筆者迄今仍應康熹文化事業公司之聘，擔任高級中學國文教科書、中華文化基本教材教科書編輯委員會主任委員；並應康軒文教事業公司之聘，擔任國民中學國文教科書編輯委員會主任委員；繼續為編輯國民中學、高級中學國文教材而奉獻心力。

　　在由國立編譯館負責編輯統編本國文教科書時期，筆者有幸參與國民中學、高級中學所有三種國文教科書的編輯，實深感榮幸。在編輯過程中，始終抱持兢兢業業的態度，黽勉以赴，並試圖在可能的範圍內不斷求改善，也獲得普遍的讚賞。不過由於所編輯者為統編本，在僅此一家，別無分號之情形下，難免遭致誤解或質疑，站在負責的立場，有義務出面澄清或說明，也獲致大多數教師及家長的理解與認同。長年以來，因而累積了一些稿件，排除針對某一細節問題解惑、篇幅極短的文章，共得十一篇。此外，為感念引薦筆者參與教科書編輯的高明、陳立夫、黃錦鋐三位恩師，先後撰有追思文稿共四篇。茲

將此十五篇文章彙成一書，以為統編本國文教科書留下紀錄，並對三位恩師的提拔、指導表達誠摯的謝意。

全書依文章性質類分為上編國民中學、下編高級中學，以及附編三大部分，高級中學部分又依中國文化基本教材、國文教科書兩小部分編排，附編為紀念三位恩師的文章，其內容皆涉及編輯教科書事宜，故附於書末。所有文章皆按發表時間先後分類編排，而且除了更正錯別字、調整排版方式以外，完全不加改動，以求存真。

國民中學、高級中學國文教科書已於十幾年前由統編本改為審定本，本書各篇文章於今視之，雖難免有明日黃花之感，但其中所述諸多問題，如課程綱要的訂定、教材的選擇、體例的安排、課文的解說、問題的設計……等等，仍具有相當的參考價值。是則本書之出版，對今後中學國文教科書的編輯，猶有其提醒、針砭的作用在焉。書中所述，不敢自認皆屬適切，但用心絕對誠懇，尚祈方家體察並有以教之，以共同為中學國文教學竭盡心力。

董金裕

謹誌於民國一〇三年二月

上編
國中國文教科書部分

壹
國民中學國文教材的演變及檢討

一　前言

　　民國五十七年，我國開始在臺灣地區推行九年國民義務教育，原有的初級中學隨著改制為國民中學。由於國民中學學生皆由國民小學畢業生全面分發而來，水準當然不及初級中學學生須經考試通過錄取者整齊；又既改制為國民中學，其國文教學目標亦與初級中學不同。為顧及此實況及理想的需要，教育部乃立即制定國民中學國文科暫行課程標準，並成立國民中學國文科教科書編審委員會，依據課程標準編訂國文教材。

　　眾如周知，推行九年國民義務教育，是教育發展的必然趨勢，我們當然要順應。但是因為當初推行時並沒有經過充分的籌畫，在倉促成立國民中學的情況下，不論課程標準的制定，或教材的編訂，都難免有急就章的意味。再加上師資嚴重不足，濫竽充數者頗多，以致教材中的缺點固然充分顯露，即其所具有的優點亦難以確實發揮。各科情形如此，國文科也不例外。

　　教育部有鑑於此，自民國五十七年以來，曾多次修訂國民中學國文科課程標準，並重組國民中學國文教科書編審委員會，對國文教材作重編的工作。用意固然可取，但由於課程標準的修訂，及教材的重編，都受到各種主客觀因素的影響，很難作較大的突破。因此每次重編雖較原有教材有所改善，然距離理想仍有相當大的差距。本文即嘗

試就二十多年來國民中學國文教材的演變情形，作一鳥瞰式的介紹，並從中發現問題，提出改進之道，以供參考，期使國民中學國文教材的編訂能夠更趨完善。

二　教材的編訂依據及程序

據現行國民中學課程標準的規定：

本課程標準是課程編制的基準，各科須依照規定實施。[1]

又：

採用教科書的學科，由國立編譯館依據各該科課程標準之規定，編輯教科書（含學生手冊）及教師手冊。[2]

又：

各科教材之範圍及其選擇、組織與排列等，除應注意教材編選原則外，應分別遵照各該科課程標準中之規定。[3]

是教材編訂之依據為課程標準，並由國立編譯館負責編訂。

---

1 《國民中學課程標準》（臺北市：正中書局，1986 年），總綱。第三、實施通則。壹、課程編制第一條。
2 《國民中學課程標準》1，總綱。第三、實施通則。壹、課程編制第四條。
3 《國民中學課程標準》1，總綱。第三、實施通則。貳、編選教材第一條。

　　國立編譯館肩負教材編訂之工作，二十多年來，其作業程序如下：

1. 由國立編譯館聘請學者專家一名為主任委員。

2. 主任委員與國立編譯館共商，聘請委員若干人，組成編審委員會。[4]

3. 就編審委員會中，推選委員為編輯小組成員。[5]

4. 編輯小組依據課程標準之規定選編教材。

5. 選編教材完成初稿後，提交編審委員會討論。並請編審委員外之專家學者審查。

6. 編輯小組依編審委員會討論之決議，及審查意見，修改初稿，完成付排本。

7. 付排。

8. 校對。

9. 印製、出版。

　　目前，第一次編訂出版之版本，稱試用本。試用一年後，依照師生教學及各方反應意見作修正，稱修訂本。修訂一年後，仍依照反應意見作修正，稱正式本。在正式本之前，修改幅度較大。正式本之後，如發現確有錯誤或不妥之處，仍應修正，惟一般因已經過兩次修正，故幅度甚小。

　　據上所述，教材的編訂，有以下數點值得我們加以注意：

　　a. 教材必須遵照課程標準之規定編訂，不得違背；故課程標準的規定是否妥善，對教材的編訂影響甚大。

　　b. 自民國五十七年以來，國文科課程標準共制、修訂三次[6]；但三種課程標準皆訂定一個標準，故教材只能有一套。

4　委員成員包括學科專家、課程專家、國中教師及館方行政人員。

5　無固定人數之規定，一般多為二名或三名。

6　分別於民國五十七年、六十一年、七十二年，制、修訂。

c. 課程標準中明白規定教材由國立編譯館負責編輯，故教材只能有一種版本，即習稱之標準本或統編本。

d. 編審委員會之組成，與編輯小組委員之推定，尤其是編輯小組委員，對教材之編選負有極大的責任。

三　國民中學國文教材重編情形

自民國五十七年至今，國民中學國文科課程標準經過三次制、修訂，依規定，國文教材乃隨著重新編訂。茲將三次編訂情形介紹於後：

（一）民國五十七年版

為因應成立國民中學之需要，教育部於民國五十六年九月，組織修訂國民中小學課程標準委員會，並自同年十月至十二月，制定國民中學暫行課程標準，而於五十七年元月一日公布施行。

課程標準既已制定，並公布施行，隨即組成國民中學國文科教科書編審委員會，由程發軔先生擔任主任委員，聘請王成藎先生等共二十一名委員[7]，推選李曰剛、潘光晟、唐傳基三位委員，組成編輯小組，著手編訂教材。

此教材，前有編輯要旨，採條列式說明，每冊二十課[8]；末附閱讀舉隅四課，供課外閱讀之用；另有語文常識共七項[9]，每項又分為若干單元，插入各冊各範文中間。每課之體例，依序為作者、題解、範

7　委員人數無固定名額限制，且編審委員會成立後，若遇委員移民或過世，人數隨之減少。

8　第六冊雖供國中三年級下學期使用，而三年級下學期上課時間較其他學期短少一個月，仍為二十課。

9　包括工具書檢查法、標點符號使用法、文字學常識、文法、文章作法、應用文、說話技巧。

文、注釋、分析、提示、習題。範文如屬文言文，則在注釋之後另有
語譯。

　　依編輯要旨第十四說明：「本書由於注解詳明，又有篇章分析、
內容提示，文言更繫以語譯，便於講授研討，毋庸另編教學指引。」
所以並未編撰教師手冊。

（二）民國六十二年版

　　「國民中學課程標準係五十七學年實施九年國民教育時所創訂，
當時籌備九年國民教育自五十六年七月至五十七年七月僅及一年，而
修訂課程尤為倉促，自五十六年九月開始籌備至五十七年一月公布，
尚不及四月，各科標準，草創伊始，須待進一步實驗，試教及檢討
後，方可確定，故稱『國民中學暫行課程標準』。」[10]故教育部自民國
五十七年起，針對國民中學課程教材之實驗，檢討、調查問卷及教材
研究作各項工作，於六十年九月次第完成，並同時開始籌畫修訂國民
中學課程標準，於次年十月修訂完成，公布實施。國立編譯館又重組
國文科教科用書編審委員會，重編國文教材。

　　此編審委員會由屈萬里先生擔任主任委員[11]，聘請艾弘毅先生等共
十九名委員，推選吳宏一、戴璉璋二位委員，組成編輯小組，著手編
訂教材。

　　此教材先列前言，採敘述方式說明；每冊二十課[12]、四次練習、練
習之性質不一，有配合語文常識者，有配合附錄者，亦有與兩者皆不
配合者，惟皆與語文教學相關。另有語文常識共八項[13]，分冊置於各冊

---

10 見《國民中學課程標準》，附錄。國民中學課程標準修訂經過。
11 屈先生於民國六十八年過世，主任委員一職改聘何容先生擔任。
12 第六冊配合實際授課時間之短少一個月，減為十八課。
13 包括讀書指導、標點符號的使用、中國的語言和文字、書信的寫法、文章寫作、文章作
　　法、中國韻文常識、中國散文常識。

所有範文之後。最後則為附錄，性質亦頗不一[14]。每課之體例，依序為範文、題解、作者、注釋、問題與討論；注釋中並列有學生自查詞語，供預習之用。

此教材除教學用之教科書以外，另編有教師手冊。

此教材於使用七年後，酌採各方反應意見，於六十九年改編，體例依舊，調整幅度亦不大，主要為抽換部分課文，調整部分課文次序，修正部分注釋文字。

（三）民國七十三年版

「九年國民教育實施後，國民中學教育已成為普及性全民教育，審其目標，要在繼續國民小學之基本教育，發展青年身心、陶融公民道德、灌輸民族文化、培育科學精神、實施職業陶冶、充實生活知能，俾奠定學習專業技能或繼續升學之基礎。十五年來，實施成效雖甚可觀，然因社會情況變遷，科學知識進步，現行國民中學之課程能否充分達到上述目標，學者之間意見未見一致。為配合國家教育政策及社會需要，全面修訂國民中學課程標準乃確有必要。」[15]故教育部乃於民國七十二年初成立國民中學課程標準修訂委員會，至六月底完成修訂工作，而於七月公布實施。國立編譯館為配合新課程標準之頒行，改組國文科教科用書編審委員會，並重編國文教材。

此編審委員會由高明先生擔任主任委員，聘請艾弘毅先生等共十八位委員，推選陳品卿、董金裕二位委員組成編輯小組，著手編訂教材。

---

14 六冊分別為《字辨》（佔兩冊）、夏丏尊《作文的基本態度》、《文言白話詞語的比較》、《文言常用虛字淺釋》、《便條名片各種字句的說明及舉例》。

15 見《國民中學課程標準》附錄。國民中學課程標準修訂通過。

　　此教材先列前言，採敘述方式說明。每冊二十課[16]；三項語文常識，分別安排於第七、十四、二十課之後；三次練習，針對語文常識而設計，分別安排於各項語文常識之後。六冊計共十八項語文常識、十八次練習。每課之體例，依序為範文、題解、作者、注釋、問題與討論，注釋中並列有學生自查詞語，供預習之用。

　　此教材除教學用之教科書外，另編有教師手冊。

　　此教材於使用五年後，改組編審委員會[17]，並依據各方反應意見，於七十八年改編。體例除將前言改為編輯大意，採條列方式說明外，其餘照舊，調整幅度亦不大，主要為抽換部分課文、調整部分課文次序、修正部分注釋文字、酌增問題與討論題目。惟為避免學生閱讀時影響視力，版面由原來之二十四開擴充為十六開，字體亦隨之放大。

四　檢討與改進

　　如上所述，由國立編譯館依據課程標準，負責編輯的國民中學國文教材，自民國五十七年以來，配合課程標準的制、修訂，曾先後編訂三種不同的版本。比較三種版本，確實每重編一次都較上一種版本有顯著的改善。但由於是標準本，所有的國民中學學生都必須以之作為教科書，因而普受教師、家長、學生，以及許多學者專家的重視，不斷提供改進意見，編審委員會大抵也能酌量各種意見，作適度的修正。惟不論如何，仍難令大家都感到非常滿意。探討其中因素，主要有下列數點：

---

16 第六冊減為十八課。

17 編審委員會之改組，除因少數委員移民、過世外，最主要為原在國民中學任教之委員大多
　　數已轉至高級中學任教。

1. 教科書使用的對象範圍太廣，有都市的學生，有城鎮的學生，有鄉區的學生，生活背景不同。學生之中，有程度較高者，也有程度較低者，素質並不整齊。故所選教材不可能適用於所有對象。

2. 升學競爭激烈，不少教師及學生要求教科書中的說解，有固定統一的答案，事實上並不可能完全做到。又部分教師要求太苛，考試時責令學生必須完全按照教科書的文字作答，致使學生對教科書產生反感。

3. 作為編訂教科書準據的課程標準，雖經三次修訂，但每次修訂時，態度似嫌草率，既未能充分配合實際教學的情況，規定又過於刻板，甚至於有自相矛盾之處[18]。因此編審委員會在編訂教科書時，或缺少發揮餘地，或根本無所適從。

4. 編審委員會雖然廣泛包含各種成員[19]，但究竟不是常設機構，每次開會皆臨時召集，各委員未必都能出席；即使出席，因受時間限制，未必能對所有問題作充分了解，經充分討論，作成較適當的決議；所以功能大打折扣。

5. 國立編譯館及編審委員會對教科書僅負編訂之責，編訂完成後，即交由各出版社聯合組成的聯供處負責印刷，印刷出版後再交臺灣書店負責配發。彼此在行政體系上並不相統屬，以致經常會發生不能相互配合現象[20]。

---

18 請參見五、附錄：現行國民中學國文科課程標準有關教材規定之商榷。

19 委員成員包括學科專家、課程專家、國中教師及館方行政員。

20 如教師手冊往往遲至學期已過一半才印刷出版，而至整個學期結束，尚未配發至各校。

　　針對上述各種因素，筆者以為如能朝以下各方向作努力，應該可以有助於教材之改善：

1. 修訂課程標準時，應先廣泛徵求各國民中學教師、學生之意見，時間不宜過於倉促，態度尤須慎重，而且不要作太多而煩瑣的規定，使編審委員會於編訂教科書時，有較大的彈性。最好課程標準修訂委員會與教科用書編審委員會之間，能作相當程度的溝通聯繫。

2. 課程標準不宜僅訂定一個標準，最好能有兩個或兩個以上的標準，使編審委員能據以編訂各種不同的版本，分別適應不同地區或不同程度學生的學習需要[21]。

3. 編審委員會之委員人數可以適度精簡，優其待遇而課以較大的責任，並採取每個月固定開會方式，使有較充分的時間對教科書的優缺點作檢討，且及時修訂。

4. 編審委員會之編輯小組成員，由國立編譯館向各大中學借調，在館上班，使有較充分的時間，對教科書的選材、編排、說解等，作較周詳的策畫。

5. 負責編訂、印刷、配發之各機關間，宜有一較高層次的主管單位，作有效的指揮或協調。

6. 在目前社會風氣不良的情況下，為防止流弊，統編本固然有其必要。但就長遠而言，興利應重於除弊，故宜考慮適度開放，讓出版社各依據課程標準編訂教科書，以發揮自由競爭的功效。

---

21 此須打破常態分班限制，改採學科能力分班方式。

五　附錄：現行國民中學國文科課程標準有關教材規定之商榷

　　現行國民中學國文科課程標準有關教材之規定，安置於第三教材綱要下，下分一、教材編選之原則，二、教材配置之比例，三、教材綱要之配置。茲先將其抄列於下，以見其原貌，再對其中不合理之處作檢討：

（一）課程標準有關教材之規定

教材綱要

（1）教材編選之原則

A. 課文之選材，必須同時具有語文訓練、精神陶冶及文藝欣賞三種價值（應用文注重實際應用價值），並切合學生心理發展及其學習能力。

B. 課文教材為求適應學生學習能力高低不同程度之施教，分必讀教材與選讀教材兩種。必讀教材，無論能力較低或能力較高之學生均須教學；選讀教材，可由教師斟酌學生程度自行增減（其增減量以不超過必讀教材與選讀教材總分量十分之二為限）。

C. 編選課文時，應將三學年六學期所選用之教材，作通盤計畫，按內容性質、文體比例、文字深淺，作有系統之編排。

D. 選文注重下列各點：

a. 思想純正，足以啟導人生真義，培養國民道德者。

b. 旨趣明確，足以喚起民族意識，配合國家政策者。

c. 理論精闢，足以啟發思路者。

d. 情意真切，足以激勵志氣者。

　　　　e. 材料新穎，足以引起閱讀興趣者。

　　　　f. 文字淺顯，適於現代生活應用者。

　　　　g. 層次清楚，便於分析者。

　　　　h. 詞調流暢，宜於朗誦者。

　　　　i. 韻味深厚，足以涵詠情性者。

　　　　j. 篇幅適度，便於熟讀深思者。

　　E. 課外閱讀之選材，除前條各項原則外，應注意下列四點：

　　　　a. 事理易明。

　　　　b. 詞彙易解。

　　　　c. 語句易讀。

　　　　d. 結構易辨。

　　F. 語文常識，包括語法、修辭法、文章作法、文字基本構造、書法、工具書使用法、標點符號使用法及演說辯論法等。舉凡課文內所具有之材料，應盡量剖析運用，並酌加補充。

（2）教材配置之比例

　　A. 各學年語體文與文言文分配之比例：

學年 百分比 文別	第一學年		第二學年		第三學年	
	第一學期	第二學期	第一學期	第二學期	第一學期	第二學期
語體文	80%	70%	60%	60%	50%	40%
文言文	20%	30%	40%	40%	50%	60%

說明：

1. 上表所列之百分比，第一、二學年語體文可酌增，文言文可酌減；第三學年文言文可酌增，語體文可酌減，但其增減量，均以百分之五為限。

2. 語體文應選其詞彙語法合於國語者；文言文應採用明白曉暢之作，且適合時代潮流者。

B. 各學年各類文體分配之比例：

文別　　百分比　　學年	第一學年	第二學年	第三學年
記敘文	45%	35%	20%
論說文	30%	35%	45%
抒情文	20%	20%	20%
應用文	5%	10%	15%

說明一：

1. 上表所列之百分比，可斟酌增減；但其增減量，以百分之五為限。

2. 所選各類文體，一年級內容以銜接國小六年級國語課本程度為原則，二、三
   年級逐漸加深。

說明二：

1. 記敘文宜由寓言故事入手，漸進於人、事、情、物之描述及名人之傳記。
   二、三年級，並宜酌採記言或記事中附有意見感想者，以啟導論說文之學習。

2. 論說文宜由短篇入手，以至於夾敘夾議及理論精確之教材；三年級並可略選
   有辯論性之教材。

3. 抒情文宜取其真摯感人者。如係舊體詩歌，宜選淺顯明白者。舉凡矯揉虛飾
   及消極頹廢之作，應予避免。

4. 應用文以書啟、柬帖為主，其他有關應用文之各類體例，列為附錄。

（3）教材綱要之配置

第一學年

學期 要項 類別	第一學期（每週六小時）	第二學期（每週六小時）
範文	每週四小時 1.　記敘文 　（1）語體文六篇：必讀五篇 　　　　　　　　　　選讀一篇 　（2）文言文三篇：必讀二篇 　　　　　　　　　　選讀一篇 2.　論說文 　（1）語體文三篇：必讀 　（2）文言文二篇：必讀一篇 　　　　　　　　　　選讀一篇 3.　抒情文 　（1）語體文三篇：必讀二篇 　　　　　　　　　　選讀一篇 　（2）文言文一篇：必讀 4.　應用文 　語體文二篇：必讀	每週四小時 1.　記敘文 　（1）語體文六篇：必讀五篇 　　　　　　　　　　選讀一篇 　（2）文言文三篇：必讀二篇 　　　　　　　　　　選讀一篇 2.　論說文 　（1）語體文三篇：必讀 　（2）文言文二篇：必讀一篇 　　　　　　　　　　選讀一篇 3.　抒情文 　（1）語體文三篇：必讀二篇 　　　　　　　　　　選讀一篇 　（2）文言文一篇：必讀 4.　應用文 　語體文二篇：必讀
作文	每三週四小時 命題作文：兩篇	每三週四小時 繼續上學期
書法	每兩週一小時 1.　寸方楷書及小字之練習 2.　應用文格式之練習 3.　常見行書之認識	每週一小時 繼續上學期

類別　　要項　　學期	第一學期（每週六小時）	第二學期（每週六小時）
語言訓練	每兩週一小時及每週隨堂練習 1. 課文預習口頭報告 2. 時事報告 3. 名人故事講述 4. 演說之訓練	每週一小時及每週隨堂練習 繼續上學期
課外閱讀	每月至少一本 1. 國父傳 2. 蔣總統傳 3. 其他短篇文藝名著 4. 閱讀報告之習作	每月至少一本 1. 本國名人傳記 2. 其他中外名著

第二學年

類別　　要項　　學期	第一學期（每週六小時）	第二學期（每週六小時）
範文	每週四小時 1. 記敘文 （1）語體文五篇：必讀四篇 　　　　　　　　選讀一篇 （2）文言文三篇：必讀二篇 　　　　　　　　選讀一篇 2. 論說文 （1）語體文三篇：必讀 （2）文言文二篇：必讀一篇 　　　　　　　　選讀一篇	每週四小時 1. 記敘文 （1）語體文五篇：必讀四篇 　　　　　　　　選讀一篇 （2）文言文三篇：必讀二篇 　　　　　　　　選讀一篇 2. 論說文 （1）語體文三篇：必讀 （2）文言文二篇：必讀一篇 　　　　　　　　選讀一篇

學期 要項 類別	第一學期（每週六小時）	第二學期（每週六小時）
範文	3. 抒情文 　（1）語體文二篇：必讀 　（2）文言文一篇：選讀 4. 應用文 　（1）語體文二篇：必讀 　（2）文言文二篇：必讀	3. 抒情文 　（1）語體文二篇：必讀 　（2）文言文一篇：選讀 4. 應用文 　（1）語體文二篇：必讀 　（2）文言文二篇：必讀
作文	每三週五小時 1. 繼續上學年 2. 命題作文　兩小時兩次 　　　　　　一小時一次	每三週五小時 繼續上學期
書法	每三週一小時 1. 繼續上學年 2. 指導學生臨帖	每三週一小時 指導學生臨帖並欣賞碑帖
語言訓練	每三週一小時及每週隨堂練習 1. 繼續上學年 2. 三分鐘演講練習	每三週一小時及每週隨堂練習 繼續上學期
課外閱讀	每月至少一本 1. 中外名人傳記 2. 歷史故事傳 3. 社會學科或自然學科之論著	每月至少一本 1. 中外名人傳記 2. 古今名人書信 3. 其他文藝作品或科學論著

第三學年

學期 要項 類別	第一學期（每週六小時）	第二學期（每週六小時）
範文	每週四小時 1. 記敘文 　（1）語體文二篇：必讀 　（2）文言文二篇：必讀 2. 論說文 　（1）語體文四篇：必讀 　（2）文言文四篇：必讀二篇 　　　　　　　　　　選讀二篇 （可選《論語》或《孝經》各一、二篇） 3. 抒情文 　（1）語體文二篇：必讀 　（2）文言文二篇：必讀一篇 　　　　　　　　　　選讀一篇 4. 應用文 　（1）語體文二篇：必讀 　（2）文言文二篇：必讀一篇 　　　　　　　　　　選讀一篇	每週四小時 1. 記敘文 　（1）語體文二篇：必讀 　（2）文言文二篇：必讀 2. 論說文 　（1）語體文三篇：必讀 　（2）文言文四篇：必讀二篇 　　　　　　　　　　選讀二篇 （可選《論語》或《孝經》各一、二篇） 3. 抒情文 　（1）語體文二篇：必讀 　（2）文言文一篇：選讀一篇 4. 應用文 　（1）語體文二篇：必讀 　（2）文言文二篇：必讀一篇 　　　　　　　　　　選讀一篇
作文	每三週五小時 1. 繼續上學年 2. 命題作文　兩小時兩次 　　　　　　　一小時一次	每三週五小時 繼續上學期
書法	每三週一小時 1. 繼續上學年 2. 欣賞碑帖	每三週一小時 繼續上學期

類別　　要項　　學期	第一學期（每週六小時）	第二學期（每週六小時）
語言訓練	每三週一小時及每週隨堂練習 1. 繼續上學年 2. 五分鐘演講練習	每三週一小時及每週隨堂練習 繼續上學期
課外閱讀	每月至少一本 1. 科學家傳記 2. 古今名中書信 3. 其他文藝作品或科學論著	每月至少一本 1. 工商企業家之傳記 2. 古今名人書信 3. 其他文藝作品或科學論著

（二）商榷

1. 依「（3）教材綱要之配置」，第一學年第一、二學期，第二學年第一、二學期，第三學年第一學期，範文篇數皆為二十篇。但依目前臺灣省教育廳、高雄市、臺北市教育局之學期行事曆，第一、二學期上課週數相差兩週，上課時間既不相同，則範文篇數依理而言也應有所分別。又第三學年第二學期，範文篇數為十八篇，但目前國中三年級學生提前四週畢業，但範文僅減少兩課，授課時間亦感到不夠。此皆範文篇數規定過於刻板，而與實際上課時間不能相配合。

2. 依「（1）教材編選之原則」，第二點規定：「課文教材為求適應學生學習能力高低不同程度之施教，分必讀教材與選讀教材兩種。必讀教材，無論能力較低或能力較高之學生均需教學；選讀教材，可由教師斟酌學生程度自行增減。」其又以括弧注明：「其增減量以不超過必讀與選讀教材總分量十分之二為限。」故「（3）教材綱要之配置」即對各體文、語體與文言文分別規定必讀、選讀篇數。但依教育主管當局要求，分班須採常態分班，則一班之

中，學生程度有高低之不同，教師實際上難以斟酌學生程度自行
增減。又目前升學競爭激烈，課程標準可以規範教科書之編輯，
但無法約束高中、高職招生委員會的命題，因此教師如對規定之
選讀教材全部不教或部分不教，固然合乎課程標準要求；但升學
考試題目如出自教師所不教的規定選讀教材中，則無法面對家長
的責難。故將教材分為必讀、選讀兩類，使教師可因材施教，用
意固然可取，可是實際上卻行不通，以致成為具文。又依「（3）
教材綱要之配置」，三學年一、二學期，選讀篇數各為四篇，前
五學期尚合乎增減量不超過總分量十分之二的規定，但第六學期
則已明顯超過，兩處規定並不相符。

3. 依「（2）教材配置之比例」，一、各學年語體文與文言文分配之
比例，說明（一）規定：「上表所列之百分比，第一、二學年語
體文可酌增，文言文可酌減；第三學年文言文可酌增，語體文可
酌減，但其增減量，均以百分之五為限。」又二、各學年各類文
體分配之比例，說明（一）規定：「上表所列之百分比，可斟酌
增減；但其增減量，以百分之五為限。」百分之五之量，實際上
只有一篇而已，伸縮幅度極為有限，此則規定過於刻板。

4. 依「（2）教材配置之比例」，一、各學年語體文與文言文分配之
比例，各學年第一、二學期白話與文言各有其規定的比例。但如
以此比例表參照「（3）教材綱要之配置」，第一學年第一學期，
所選範文語體文十四篇，文言文六篇，實際比例為百分之七十與
百分之三十，而非如前表所列的百分之八十與百分之二十；第三
學年第二學期，所選範文語體文九篇，文言文九篇，其比例應為
百分之五十與百分之五十，而非如前表所列的百分之四十與百分
之六十。同為課程標準的規定，而兩處規定不一，究竟以何者為
是？

5. 依「（2）教材配置之比例」，二、各學年各類文體分配之比例，
   參照「（3）教材綱要之配置」，第一學年記敘文九篇、抒情文四
   篇，符合表列的百分之四十五與百分之二十；但論說文五篇、應
   用文兩篇，實際比例為百分之二十五與百分之十，而非如表中所
   列的百分之三十與百分之五。第二學年則更離譜，記敘文八篇、
   論說文五篇、抒情文三篇、應用文四篇，其比例應為百分之
   四十、百分之二十五、百分之十五、百分之二十，但表中所列則
   分別為百分之三十五、百分之三十五、百分之二十、百分之十，
   沒有一項相符者。第三學年兩個學期篇數不等，但如以四捨五入
   計算，記敘文四篇、抒情文四篇與三篇，尚符合表列的百分之
   二十與百分之二十；但論說文八篇與七篇，應用文四篇，其比例
   應為百分之四十與百分之二十，而非如表列的百分之四十五與百
   分之十五。規定已缺乏彈性，而又不相一致，則編訂教科書將何
   以適從？

—— 原刊國立教育資料館《教育資料集刊》第十五輯，

一九九〇年六月。

貳
國中國文課本是怎麼編出來的
—— 兼對若干問題作澄清

　　國立編譯館為了解海峽兩岸國（初）中國（語）文教科書內容的差異，正進行一項研究計畫，期望根據研究成果，作為改進國中國文教科書編輯的參考。依計畫進度，將先後舉辦六次座談會，廣邀學者專家及國中教師提供意見。在本年元月二十九日召開的首次座談會中，主持人請我對現行國中國文教科書的編輯情形，向與會者作報告，以為背景的了解。應邀與會的《國文天地》副總編輯連小姐也將《國文天地》會診國中國文課本的系列文章影印彙集成冊，分贈與會者作為參考。會後，連小姐又與我交換了相當多的意見，彼此都強烈感受到各界對國中國文教學的熱切期望，更發現各界所提的許多改進意見的確有值得參考之處；但是也覺得由於各界對教科書的編輯情形，或有未盡明瞭的地方，以致造成一些不必要的誤解。為使大家能充分掌握情況，以期所提意見更為切實可行。我乃欣然應連小姐誠摯的邀約，撰寫本文，一方面對大家以往的關切表示謝意，另方面更懇請大家針對實際情況，繼續給予支持指教，以便有所依循改進。

一　國中國文教科書的編訂依據

　　根據現行《國民中學課程標準》規定：「本課程標準是課程編制

的基準，各科須依照規定實施。」[1] 又：「採用教科書的學科，由國立編譯館依據各該科課程標準之規定，編輯教科書（含學生手冊）及教師手冊。」[2] 又：「各科教材之範圍及其選擇、組織與排列，除應注意教材編選原則外，應分別遵照各該科課程標準中之規定。」[3] 由以上各條，都可明顯看出教科書的編輯依據是課程標準。因此教科書的編輯，必須完全遵照課程標準的規定，不得違背。所以課程標準的規定是否妥適，對教科書的編輯影響極大。

舉現行國文課程標準國中一年級上學期的規定為例，語體文與文言文的分配比例為：語體文佔百分之八十，文言文佔百分之二十[4]。各類文體的分配比例為：記敘文佔百分之四十五，論說文佔百分之三十，抒情文佔百分之二十，應用文佔百分之五[5]。在記敘文中，語體文六篇（必讀五篇、選讀一篇）；文言文三篇（必讀二篇、選讀一篇）；論說文中，語體文三篇（皆必讀），文言文二篇（必讀一篇、選讀一篇）；抒情文中，語體文三篇（必讀兩篇、選讀一篇），文言文一篇（必讀）；應用文中，語體文二篇（皆必讀，無文言文）[6]。以上這些規定中的百分比，可斟酌增減，但以百分之五為限[7]。

根據這個規定，國中國文課本第一冊，必須選編二十篇範文，所以有人建議增加（或減少）篇數，事實上皆不可行。又百分之五的增減量，實際上只佔一篇，因此有人建議多選語體文（或文言文），多選記敘文（或論說文、抒情文、應用文），雖屬可行，但幅度相當有限。

---

1 《國民中學課程標準》（臺北市：正中書局，1986 年），頁 24。

2 《國民中學課程標準》，頁 24。

3 《國民中學課程標準》，頁 24。

4 《國民中學課程標準》，頁 59。

5 《國民中學課程標準》，頁 60。

6 《國民中學課程標準》，頁 61-62。

7 《國民中學課程標準》，頁 60。

　　稍微細心的人應該可以發現，課程標準的規定有自相矛盾之處，因為依語體文與文言文的分配比例為百分之八十、百分之二十，可是就實際篇數的配置上，語體文共十四篇，文言文共六篇，所佔比例卻是百分之七十、百分之三十。又依各體文的分配比例，記敘文、論說文、抒情文、應用文分別佔百分之四十五、百分之三十、百分之二十、百分之五，但篇數配置的實際比例卻成為百分之四十五、百分之二十五、百分之二十、百分之十[8]。

　　從上舉實例及說明中，可見現行國文課程標準的規定，有過於刻板而缺乏彈性，甚至自相矛盾的缺點。所以編審委員會在編輯教科書時，就不可避免地遭遇到缺少發揮餘地，以及難以適從的困境了。

二　國中國文教科書的編輯程序

　　依現行國文課程標準規定，國中國文教科書由國立編譯館負責編輯，其作業程序如下：

（一）組織編審委員會

　　先由國立編譯館聘請學者專家一名為主任委員，再由主任委員與國立編譯館共商，聘請委員，組成編審委員會。

　　委員人數，並無硬性規定，大抵為二十名左右，但必須包括學科專家、課程專家、國中教師及教育行政人員。有些人以為編審委員會中沒有實際從事國中國文教學的工作者，實屬誤解。在目前的二十二

8　這種自相矛盾的情形，在每學年的上下學期中皆出現，其詳可參見拙著〈國民中學國文教材的演變及檢討〉，收入《教育資料集刊》第十五輯，（臺北市：國立教育資料館，1990年），頁137-138。

位編審委員會中，任職國中者計有六位[9]。或由其他委員推薦，或請省市教育廳局推薦。

編審委員會組成後，就委員中推選委員為編輯小組成員。人數也無硬性規定，一般多為二或三名。目前編輯小組的成員為陳品卿教授和我。

（二）編輯小組選編教材提交編審委員會討論

編輯小組依據課程標準的規定，選編教材，完成初稿後，提交編審委員會討論，編審委員除出席會議，提供口頭意見外，並須寫成書面意見。如遇有爭論問題，則應作成決議，供編輯小組作參考或遵循。

（三）編輯小組與校正人共同完成付排本

除編審委員會的討論外，初稿並請編審委員外之學者專家審查，將審查結果寫成書面意見。

編輯小組成員根據討論結果及審查意見，修改初稿，交由校正人[10]校正，校正人如發現不妥，再與編輯小組共同商議解決，完成付排本。

付排本完成後，交由主任委員審閱，主任委員如發現不妥，再交編輯小組成員及校正人討論修正。

（四）付排

付排本經主任委員、編輯小組成員、校正人共同簽名後，交由各出版社聯合組成的聯供處排印。國立編譯館並請美編人員分別設計版面、繪製插圖。

9　其中五位國中國文教師，一位國文教師出身的國中校長。
10　校正人皆由館方行政人員擔任，人數無硬性規定，一般多為二至三名。

（五）校對

由編輯小組成員、校正人及館方另聘人員，共七、八人同時分別校對，再將校對結果彙由校正人改正。校對次數視錯誤之多少而定，但至少三次，多則達六、七次以上。

校對時，校對者如發現不妥，皆可提出，由編輯小組成員及校正人討論修正。

（六）印刷、出版、配發

校對無誤以後，交聯供處安排的印刷廠印刷，由國立編譯館負責出版，交由臺灣省教育廳所轄臺灣書店負責配發。

第一次編訂出版之版本，稱試用本。試用一年後，依照師生教學及各方反映意見修正，稱修訂本。修訂一年後，仍依照反映意見作修正，稱正式本。正式本之後，每年仍作例行性的修正。

三　檢討與改進

如「編輯程序」所述，作業的過程已儘可能要求周延，而且在出版後，也能不斷作修正。但不論如何，仍難令大家都感到非常滿意。探討其中原因，主要有下列幾點：

1. 教科書使用的對象範圍太廣，有都市的學生，有城鎮的學生，有鄉區的學生，生活背景不同。學生之中，有程度好的，也有程度差的，素質並不整齊；而且國中屬義務教育，更加重這種差異度。因此所選教材不可能適用於所有對象。

2. 如「編訂依據」所述，現行課程標準的規定，有其缺點，而且也

不能充分配合實際教學的情況[11]。以致不論編審委員會編輯教科書，或國中教師從事教學，都會遭遇到困難。

3. 編審委員會雖然廣泛包含各種成員，但究竟不是常設機構，每次開會皆臨時召集，各委員未必都能出席；即使出席，因受時間限制，也未必能對所有問題作充分了解，經充分討論，作成較適當的決議。所以功能大打折扣。

4. 國立編譯館及編審委員會對教科書僅負編輯、出版的責任；編訂完成後，即交聯供處負責印刷；印刷出版後，再交臺灣書店負責配發。彼此在行政體系上並不相統屬，因而經常會發生不能相互配合的現象。

5. 升學競爭激烈，不少教師及學生要求教科書中的說解，有固定統一的答案，目前在編輯時雖然也注意到此點，可是實際上並不可能完全做到。又部分教師對教材未能充分掌握，重細節而略重點；考試時，或者出題太苛細，或者要求學生必須按照教科書的文字作答；致使學生對教科書產生反感。

針對上述各主要因素，我認為如能朝以下各方向作努力，應該可以大有助於教科書的改善：

1. 修訂課程標準時，應先廣泛徵求各國民中學教師、學生的意見，時間不能太匆促，態度尤須慎重，要掌握實際的教學情形，同時不要作太多而煩瑣的規定，使編審委員會在編訂教科書時，有較大的配合實況作調整的彈性。最好課程標準修訂委員會與教科書編審委員會之間，能作相當程度的連繫溝通。

2. 課程標準不宜僅訂定一個標準，最好能有兩個或兩個以上的標

---

11 如每學年上下學期上課週數不同，可是均規定編二十課（第六冊除外，但第六冊的分量也有待斟酌）。其詳可參見拙著：〈國民中學國文教材的演變及檢討〉，收入《教育資料集刊》第十五輯，頁137。

準，讓編審委員會能據以編訂各種不同的版本，分別適應不同地區或不同程度學生的學習需要[12]。

3. 編審委員會的委員人數可以適度精簡，優其待遇而課以較大的責任，並且採取每個月固定開會方式，使有較充分的時間對教科書的優缺點作檢討，而且及時修訂。

4. 編審委員會的編輯小組成員，由國立編譯館向各大中學借調，在館上班，並由館方提供足夠的資料，使有較充分的時間對教科書的選材、編排、說解等，作較周詳的策畫，並隨時答覆各界所提的意見。

5. 負責編訂出版、印刷、配發的各機關之間，宜有一個較高層次的主管單位，作有效的指揮或協調。

6. 在目前社會風氣不良的情況下，為防止流弊，標準本固然有其必要。但就長遠而言，興利宜重於除弊，所以應該考慮適度開放，讓各出版社可以依據課程標準編訂教科書，以發揮自由競爭的功效。

四 對若干問題的澄清

目前大家對國文課本反應的意見，以教材的選擇是否適切為最多，主要集中在以下三方面：

首先是認為政治人物如國父及先總統蔣公的文章所佔分量太多。這的確是事實，我也曾以編輯小組成員的身分，在編審委員會議上主動提出應適度減少。在此我必須說明，自民國七十二年，我參與國文

---

12 如此，就必須打破常態分班的限制，改採學科能力分班的方式。

課本的編輯以來,從未有任何一個單位或單位主管指示我應選入,或不得刪除此類文章[13]。然而實際上這類文章所佔比例很重,所以會造成此種情形,主要是由於傳統的積習所致,另外部分編審委員及國中教師的堅持也有關係。好在最近這幾年以來,整個大環境的形勢已有明顯的轉變,所以在我們剛剛再次改編完成的六冊當中,已將此類文章減少到國父三篇、先總統蔣公兩篇。將來還會視情況的容許,再酌量減少。

其次則認為所選的文章,未必是該文作者的最好作品,這也是事實。不過,提出這種指摘的人已嚴重忽略了作家的最好作品是否適合國中生閱讀?以王維的〈觀獵〉為例,這首詩是王維早期的作品,而最能代表王維詩風的則是他晚年的作品,可是王維晚年作品的意境,國中生能體會嗎?更何況我們要培養的是如王維晚年作品中所言「晚年惟好靜,萬事不關心。」(王維〈酬張少府〉)的國中生呢?還是積極進取的國中生?[14]

現代散文名家陳之藩先生的作品,文字及內容都很好,現行課本中選入他的〈謝天〉與〈失根的蘭花〉,也頗受師生歡迎。陳先生為此感到高興,但是卻以為《在春風裡》的〈寂寞的畫廊〉更該選進去[15]。大家如有興趣,不妨把〈寂寞的畫廊〉找來看看,是不是適合選入課本?

---

13 只有在若干年前,曾有一位編審委員私下向我建議,認為以往每次改編國文課本,都會選入一兩篇此類文章,所以我們改編時,也應循例增選。我當時即正色告訴他說,此類文章選入容易,要刪除則很困難,如果每次改編都選入一兩篇,那麼幾十年以後,國文課本豈不是要變成某一兩位政治人物的選集了嗎?

14《國文天地》六卷十二期、七卷一期,刊登了洪邦棣先生的〈不信東風喚不回〉,該文一方面主張選文要能切合青少年的生活經驗,情感世界及理解程度;另方面又認為選文應具文學史觀,反映文學概況,選入作家的代表作。事實上已自相矛盾。該文所言固然有一些值得參考之處,但似此自相矛盾的情形,卻頗不少。

15 見《民生報》,第 14 版,1989 年 2 月 20 日。

曾經有位記者以選文未必是該文作者的最好作品相詢，我反問他：「依我們一般的了解，愛因斯坦的最好作品是什麼？」他說：「《相對論》。」我說：「《相對論》能選作國中理化課本的教材嗎？」他當下恍然大悟的答道：「我懂了，我懂了。」這段對話，或許可供大家作為探討問題的參考。

另外又有人認為選文偏於教化性，不是純粹語文的學習。其實每篇文章都有其思想情意，這些思想情意，必然會超出語文學習的範圍之外，而且依據課程標準，國中國文教學目標第一條即明白規定：「指導學生於國文學習中，繼續國民小學之教育，增進生活經驗，啟發思辨能力，養成倫理觀念，啟發愛國思想，並宏揚中華民族文化。」[16] 要達成這首要目標，能不選入與生活教育或人格教育等有關的文章嗎？語文是一種工具，我們除了要嫻熟工具的運用以外，更要以工具製造器物。我想絕大部分的國中國文教師，應該不會把自己侷限在傳授工具使用能力的範圍內，而是期許自己對學生的思想能有所啟迪，人格能有所陶冶吧！

除了教材的選擇以外，大家對教材的編排也有些意見。反應最多的是建議諸如把第一冊的某一課調到第四冊，或把第五冊的某一課調到第三冊之類。其次是主張在每一冊中將所有的記敘文、論說文、抒情文、應用文安排在一起；或是將所有的語體文和文言文安排在一起。還有則認為現行課本中，各課根本就沒有編排，顯得漫無章法。

其實現行課本中的各課並非沒有編排，只要稍微仔細一些，就可發現：每一冊的第三課是現代詩；第五、十五課是（古典）詩、詞、曲；第十七課是有關《論語》、《孟子》、《孝經》的教材（第六冊除外）；其餘各課，則儘量將語體、文言，以及各體文錯開，用意是避免同類

16《國民中學課程標準》，頁57。

文章集中在一起，容易感到枯燥。但是由於各冊中語體、文言，以及各體文的篇數不一致，因此很難做到完全錯開。每冊三篇語文常識及練習，則分別安排在第七、十四、二十課之後（第六冊則改置於第六、十二、十八課之後）。總的來說，實有整體的規畫，並非雜亂無序。

如果把每冊中所有的語體文及文言文排在一起，或所有的各體文排在一起，固然也有其好處，可是難免會因為各篇性質相近，缺乏變化，而減低了學生的學習興趣。此外，也容易造成在教學進度，以及考試範圍的安排上，遭遇到分量不均勻的窘況。

至於將某一課由前冊調到後冊，或由後冊調到前冊，或在同冊中調整，只要所言有道理，我們一向都盡量採從。不過，如果在同冊作調整，或由後冊調到前冊，可以行得通；但是如果由前冊調到後冊，就行不通了。因為如此一來，勢必有一屆學生要重複學習該篇被調整的文章。

另外，有些人認為題解及作者介紹太簡單，其實我們在〈編輯大意〉中，已有說明，主要是為了「減輕學生課業負擔」。同時也讓教師在教學時，有發揮的餘地。而這兩方面的比較詳細資料，也都編在教師手冊中，教師可根據需要，拿來作為補充。

當然，各界對國中國文所反映的意見並不僅止於以上所述的幾點，但主要還是集中在這幾方面，所以只針對這幾方面說明如上。

除上述各方面之外，《國文天地》七卷七期、七卷八期，登有范文芳先生的〈臺、港兩地中學語文教材比較舉隅〉，文中以臺灣國中國文第四冊，和香港中國語文第三冊（人人書局出版），都選為範文的〈愚公移山〉一課，在編纂方式及內涵方面作了詳細的比較。從比較中可以發現，臺灣本的項目確實比香港本少，主要考慮如范先生所言「以不增加學生課業負擔為原則」，另外，香港本實兼有課本及習作本的性質。記得在民國七十三年的一次編審委員會會議上，曾有位

委員提出是否應該像小學一樣，另編習作本？當時，國立編譯館的主事人員表示如編審委員會認為有必要，國立編譯館絕對配合，可是在場委員中的國中教師都不同意，認為此舉將增加教師的負擔。而我也曾利用出席部分縣市國文教學研討會的機會，以此問題徵詢大家的意見，估計贊同者在一百人當中皆不到十人。因此一直到現在，我們都沒有另編習作本，項目自然也就不如香港本多了。

范先生文中又提到「環保觀念可以加入到教材中」，我非常贊同，也是基於這種認識，所以在現行課本中，選有〈行道樹〉和〈植物園就在你身邊〉兩篇範文。要啟發學生的環保意識，自可在教這兩篇範文時，好好運用掌握。如果在教〈愚公移山〉時，討論環保問題，則難免會予人莫名其妙的感覺。因為每篇文章都有其主旨，要在其主旨之外，作過多不必要的牽扯，則會遍地荊棘，沒有任何一篇文章可以選為範文了。事實上，我們以往也曾接到一些類似的意見，而且還更苛刻。以〈愚公移山〉為例，有位教師認為不宜列入教材，理由如下：「一、移山破壞景觀，並造成環保問題。二、雇用未合法定年齡童工。三、男子從事移山工作，誰能從事正當生產？四、提倡「子孫滿堂觀念」，造成今日人口爆滿。」[17] 如果你是編輯小組的成員，收到這種意見，該怎麼答覆呢？

此外，《國文天地》七卷五期，刊登王志成先生的〈「巧合」太多了 —— 對《國文教師手冊》「課文分析」部分的期許（上）〉，提到現行教師手冊課文分析部分，「『出處來源』未說明清楚，在著作權高漲之今天，讓人覺得頗有『抄襲』之嫌疑。」基本上，教師手冊中的課文分析，都由編輯小組成員撰寫，除非是引用成文才註明出處來源[18]，

---

17 根據該教師的意見原文照抄。

18 如第二冊第三課〈負荷〉的課文分析，即標明「節自長安出版社《中國新詩賞析》，李豐楙先生評述」。

親自撰寫就無所謂出處來源了。在當初我們編輯教師手冊時，凡屬舊課文，課文分析部分大抵皆採用舊版教師手冊，如果有不妥適者，則稍加改動。舊版教師手冊並未標明那一課的課文分析是由那位編輯小組成員撰寫的，而且版權都歸國立編譯館所有，所以新版教師手冊也沿例不標明[19]。我不否認在撰寫課文分析時，曾參考許多資料，但是抄襲他人之作，則是我所不屑於做的。

　　若干年前，先後有兩位朋友分別告訴我；說六冊教師手冊中，有十幾課的課文分析，與香港某書局出版者完全相同，問我是否抄襲？當時確實把我嚇了一跳，因為我自信沒有抄襲，但是既然舊課文部分大都承自舊版，舊版難道抄襲了？可是我認為編舊版教師手冊的張亨教授、戴璉璋教授、吳宏一教授應該都不會抄襲。因此反問對方有沒有查明出版時間的先後？說不一定是香港抄襲臺灣的。幾個月以後，其中一位朋友對我說，經過查證，原來是香港抄襲臺灣，而非臺灣抄襲香港。

　　王先生文中又說，從舊版到新版，「『課文分析』內容顯然『絲毫未變』，文字只是『小異』，真使人『失望』與『痛心』。」以王先生所舉的〈背影〉為例，如前所述，由於〈背影〉屬舊課文，新版教師手冊的課文分析的確承自舊版，可是舊版於課文分析之外，並沒有參考資料，新版則另外選錄周錦先生的〈關於背影〉、〈背影評述〉、董季棠先生的〈背影欣賞〉、段永瀾女士的〈我的父親〉四篇文章。前三篇都與課文分析有相當密切的關係，可供教師作進一步的參考。所以整體來看，課文分析的內容並非「絲毫未變」，應該不至於「使人失望與痛心」吧！

---

19 編審委員會會議中曾對是否應標明由誰撰寫作過討論，由於舊版各課由誰撰寫已難查考，且教師手冊非屬個人創作，所以決定一律不標明。假設要標明，那麼課本、教師手冊中，除課文外的各項目豈不是都要標明，撰寫者可能又有自我宣傳的嫌疑了。

五　結語

　　以上的介紹和說明，旨在讓大家對國文課本的編訂情形，作較全面的了解，並不意味現行的課本並沒有需要檢討改進的地方。相對的，我還認為目前容許改革的空間頗大，而且隨著整個大環境的變革，也比較容易著力些。

　　民國七十二年，當我受聘為編審委員，並被推選為編輯小組成員時，即深感要面對每年幾十萬的國中生，責任非常重大。而且在那一年，我的兩個小孩，一個就讀國小六年級，一個就讀國小四年級，也就是說，他們都要讀到我編的課本。因此始終抱著敬慎的態度，不敢稍有馬虎。個人能力的有限，或無心所犯的疏忽，也許難免；但絕對不敢草率從事。

　　如「檢討與改進」所言，目前的國中課本難令大家都感到非常滿意，所以很需要大家集思廣慮，來克服各種主客觀條件的困難，力求改善。多年以來，我接到過不少的反應意見，讓我很高興的是這些意見有的相當中肯，提供意見者也能以誠懇的態度，把自己的看法以平和的語氣表達出來，有的還對我們編輯教科書的辛勞表示感謝。但令人遺憾的是有些則以嘲諷的口吻，甚至威脅的語氣，發洩心中的不滿。不論如何，我推想他們的態度雖然不好，而用心仍然值得肯定，無非是希望教科書能編得更好。既然大家的目標並無二致，是不是應該針對實際的情況，來共謀教科書能更適於教與學的需要，以造福我們的下一代呢！

　　　　——原刊於《國文天地》第七卷十一期，一九九二年四月。

參
臺灣地區現行國中國文教科書的特色與檢討

一　前言

民國七十二年七月，中華民國教育部修訂公布《國民中學課程標準》，[1] 國立編譯館為配合新課程標準的頒行，改組國民中學國文科教科書編審委員會，並重編國民中學國文教材及教師手冊。

編審委員會由高明先生擔任主任委員，聘請艾弘毅先生等共十八位委員，[2] 推選陳品卿、董金裕二位委員組成編輯小組，著手編訂教材。自民國七十三年起，經過試用、修訂，而於民國七十五年起，逐年正式使用。

這套教材除了每年根據各方反應意見，作例行性的修正以外，又於民國七十八年，重組編審委員會，增聘委員為二十二名，主任委員、[3] 編輯小組成員照舊，作較大幅度的改編，而一直使用至今。

現行國民中學國文教科書究竟具有哪些特色？其得失又如何？是關心國中國文教學者所注重的。本文將針對這兩點，選擇比較重要的部分，作介紹及檢討，以為了解及改進的參考。

1　民國五十七年（1968），臺灣地區開始推行九年國民義務教育，為因應成立國民中學的需要，教育部於同年一月制訂公布《國民中學暫行課程標準》。民國六十一年（1972）十月，修訂公布《國民中學課程標準》。民國七十二年（1983）七月所公布的，是第二次的修訂本。

2　編審委員包括學科專家、課程專家、國中國文教師及教育行政人員。

3　高明先生於民國八十一年（1992）過世，目前由黃錦鋐先生代理。

二　特色

（一）形式方面

1　編排體例

　　整套教材共六冊，供國民中學三學年六學期使用。每冊包括編輯大意、目次、課文、語文常識、練習。編輯大意採條列方式，計十三條，分別說明編輯依據、選材標準、學習方法……等。課文數量，第一至五冊，每冊廿課，第六冊一八課；各分為必讀、選讀兩種，每冊選讀四課，其餘為必讀。總計六冊，必讀九四課，選讀廿四課；共一一八課。每課依序為課文名稱、課文、題解、作者、注釋、問題與討論，共六項。又第一至五冊，於第七、十四、二十課之後有語文常識，及針對語文常識而設計的練習（第六冊則置於第六、十二、十八課之後）。總計六冊共有十八個語文常識、十八次練習。

2　版式設計

　　教材為十六開平裝本。字體為正體字，以民國七十一年（1982）九月教育部公布的《常用國民標準字體表》為準。直排，自右至左排列。課文名稱為二號字楷書體，課文內文為四號字楷書體，題解、作者、注釋、問題與討論，皆為五號字楷書體，每頁通欄或兩欄，如為通欄，每頁不超過廿行，每行不超過四十個字；如為兩欄，每頁不超過廿行，每行不超過廿五個字。紙張方面，封面、封底為二百五十磅西卡紙，課文內文為七十磅道林紙。又封面、封底配有彩色圖；每課也有一至二幅的插圖，大多為彩色。

3 教材配置

　　課文方面，就語體文與文言文的比例而言，語體文佔百分之六十，文言文佔百分之四十。就散韻文的比例而言，散文佔百分之八十一點四，韻文佔百分之十八點六。就各體文的比例而言，論說文佔百分之三十六點七、記敘文佔百分之三十三點三、抒情文佔百分之二十、應用文佔百分之十。

　　語文常識方面，包括標點符號的使用、工具書 ── 字典及辭典的使用、演說的訓練；中國文字介紹 ── 象形指事、中國文字介紹 ── 會意形聲、中國文字介紹 ── 轉注假借；練習書法的要點、日記的寫法、書信的寫法；記敘文的作法、論說文的作法、抒情文的作法；文法簡介、修辭法舉例、文言常用虛詞淺釋；韻文常識、散文常識、應用文常識。

（二）內容方面

1 擴大範圍

　　選材範圍盡量要求擴大，如在道德倫理類中，過去比較注重個人道德（如生活習慣、品德修養），及偶性道德中的家庭倫理（親情），現在則將偶性道德擴充到學校倫理（如師生、同學之情）、社會倫理（如尊重、感恩等），並且加入公共道德（如環境維護、職業道德等）。又如在古典詩的選材方面，過去僅侷限於唐詩，現在則上推到漢魏六朝，下移到宋代。

2 保留傳統

　　盡量選用古代各時期的重要作品，如在散文方面，所涵蓋的範圍，包括漢代的《史記》、《漢書》以及魏晉六朝、唐、宋、明、清各

時代代表作家的著作。韻文方面，每冊第五、十五課都是古典詩、詞、曲。另外，每冊第十七課（第六冊除外）都從《論語》、《孟子》、《孝經》中選材。

3　配合時代

重視現代文學以及現代人應有的觀念、涵養。現代文學部分，凡詩歌、散文、小說都加以選用，每冊第三課皆為現代詩。同時為了配合社會多元化的趨勢、對環境保護的重視，以及糾正國人的不良習性、培養任事負責的態度……等，都分別選擇相關的文章編入教材當中，讓學生研讀。

4　取材鄉土

為適應臺灣地區近年以來的本土化趨勢，選錄了多篇臺灣籍作家的作品。另外，作者雖然不是臺灣籍，但是其作品所描述的題材，是以臺灣的風光景物或民俗風情為主的，被選作教材的也不少。讓學生能藉此熟悉自己所生長居住的環境，以培養其深厚的感情。[4]

5　啟發思考

為了減輕學生的負擔，並使教師在教學時有較大的發揮空間，與課文相關的解題、作者、注釋都盡量求簡明，[5]但是在問題與討論中，除了一般性的題目以外，則有意設計了一些可以從不同觀點探討，並沒有固定答案的問題，讓學生發言討論，促使其能深思熟慮，並培養發表及論辯的能力，而加深對問題的理解。

4　以上註1、2、3、4點所舉之例，請參見附錄。

5　有關題解、作者、注釋的比較詳盡解說，以及課文分析、問題與討論的解答，都編入教師手冊中。

（三）其他方面

1　與學校活動的配合

學生從小學時代起，每天舉行升旗典禮，每週開週會，另外還要參加各種集會，經常要唱國歌、升國旗，但是他們對國歌歌詞、國旗歌歌詞的內容並不能了解，因而減低了唱國歌、升國旗的意義。為了改善這種情況，特地將國歌歌詞、國旗歌歌詞編選為教材。

又目前國民中學每學期各舉行兩次期中考、一次期末考。國文教科書在編排材料時，故意將語文常識打散，作為區畫單位，將所有教材內容分為三個輕重相當的部分，[6] 以方便教學進度的安排，和考試範圍的訂定。

2　與其他科目的配合

對課文的說解，凡是遇到人名、地名、朝代（年代）或相關的歷史事件、地理背景時，都盡量與歷史、地理教科書相配合，讓學生不至於因為所學科目不同，說法有異而造成困擾。

此外，也協調音樂科的編輯小組，盡可能將國文教材中所選用的詩歌（包括古典及現代），編入音樂教科書中。如有舊譜則用舊譜，如無舊譜就另製新譜，以加強學生的學習興趣及欣賞能力。

三　檢討

筆者忝為編輯小組成員之一，根據自己的心得，以及與國中教師

6　過去所編選的國中國文教科書都將語文常識安排在所有的課文之後。

溝通的經驗，發現現行的教科書比起過去確實有顯著的進步，可是也
有尚待改善或設法溝通解決的地方，茲分條述之如下：

1. 就選材的數量而言，六冊總共選編一一八課，雖然是依據課程標
   準的規定，但是筆者認為提供給學生的閱讀量還不夠，想要藉此
   提高學生的國語文程度，並不容易。不過大多數的國中教師卻反
   應按照授課時數，[7] 課文分量太重，往往需要趕課，反而建議減少
   課數。這在理想與現實之間已形成了兩難的局面。[8]

2. 就版式設計而言，版面大，字體、行數、字數也是大而寬鬆，對
   於保護學生的視力應該有所裨益。但是相對之下，課本的重量也
   增加了。又課文中配有插圖，可加強閱讀的興趣；有些圖還頗具
   啟發性，對於增進課文內容的了解，更是有幫助。不過部分教師
   仍然認為某些插圖還是不夠理想。

3. 就教材的配置而言，語體文所占比例較文言文多，既能夠與國民
   小學的國語教科書相銜接，[9] 而且站在學與用相配合的觀點來看，
   也頗為適當。在各體文的比例上，普遍認為論說文的數量似乎嫌
   多了些，因為現在的學生比較不能接受說教式的文章，對於這類
   文章的學習興趣也就不高了。

4. 就教材的內容而言，選材的範圍確實已經擴大許多，尤其可貴的
   是能兼顧傳統與現代，也能順應本土化的需求，部分教師對於個
   別的課文雖然還有意見，但是普遍的反應尚屬良好。不過依照編
   輯小組的原來構想，在配合時代方面，卻感到仍有缺憾，諸如對
   弱勢者（如老人、殘障者）的關懷、對食品衛生的講求……等，

---

7 目前一、二、三學年每週的教學時數都是六小時。

8 關於這點，筆者認為可用改進教學方式，避免過分瑣細的講解，以及增加課外閱讀分量的
  方法，獲得適度的改善。

9 目前國民小學國語教科書完全採用語體文。

本來都想編進教材中，不過皆因為找不到適切的文章而只好作罷。

5. 就向來被大家所詬病的，政治人物的文章所佔分量太多而言，經過不斷的努力，已有明顯的改善。目前所選孫文、蔣中正、蔣經國三位先生的文章，只有五篇。而且這五篇的內容都經過仔細斟酌，確實有其可取之處，才繼續保留下來。

6. 對於部分沒有固定答案的問題與討論而言，這類題目的確可以激發學生從不同的角度來思考問題，也可以藉此機會表達各自的看法，並且引起彼此的論辯。但是部分的教師對於這類問題還不能適應，而希望每個問題都有標準的答案。

7. 將國歌歌詞與國旗歌歌詞選為教材，獲得了一致的肯定，認為立意良好，作法適當。不過部分的教師認為國歌歌詞內容比較艱深，似乎不宜安排在第一冊的第一課。

8. 用語文常識將整冊教材區畫為三個分量大抵相當的單元，既方便於教學進度的安排，也能配合期中、期末考試的訂定範圍，一般教師對於這種安排都採取肯定的看法。

四　結語

提升國民中學學生的國語文程度，是關心國語文教學者共同的心願。要達成這個心願，國文教科書的好壞關係十分重大。但是國文教科書的編選，必須依據課程標準的規定，又教科書編選完成以後，更有賴於教師妥善運用。如此三管齊下，才有可能收到良好的效果。

目前中華民國教育部為了適應時代的變遷，正在重新修訂國民中學課程標準，筆者深切期盼即將出爐的課程標準能夠更為活潑而有彈性，將來依據新課程標準所編的國中國文教科書，也能針對現行教科

書的優缺點，擷長補短，編得更為理想，使國中國文教師在教學時感
到得心應手，以達到預期的成效。

五　附錄：臺灣地區現行國中國文教科書各冊目錄[10]

第一冊

---

10 加＊符號的，屬於選讀。

第二冊

第三冊

第五冊

第六冊

──原刊於《一九九三年全美華文教師學會年會
論文集》，一九九三年八月。

肆

從海峽兩岸國（初）中國（語）文教科書的異同談如何改進國中國文的教材教法

一　前言

　　由於筆者負責編輯國中國文教科書，所以經常有機會與國中國文教師作面對面的溝通，記得在一次座談會上，有一位教師說大陸的初中語文教科書編得比我們的國中國文教科書還要好，言下之意是希望我們的教科書能向他們看齊。至於大陸的初中語文教科書究竟有什麼優點，這位教師並沒有加以說明。筆者聽了以後，馬上以自己的一次接觸經驗加以澄清，以避免造成大家的誤解。兩年多以前，為了研究的需要，筆者曾到負責編輯大陸初中語文教科書的人民教育出版社語文一室拜訪，接待我的一位先生說，臺灣的國中國文教科書編得比他們的初中語文教科書還要好。其實不管是臺灣的這位國中教師，或者是大陸的那位編輯先生，他們的看法都是籠統而陷於一偏的，也充分反映出人們「坐這山望那山，那山比這山高」的錯誤心理。

　　為了探討臺灣的國中國文教科書和大陸的初中語文教科書，到底有哪些相同相異的地方，國立編譯館成立了一個研究小組，聘請了八位研究員，由李威熊教授主持，從民國八十一年元月到十二月，花了一整年的時間，進行了比較研究，研究報告已經在去年出版。筆者忝為研究員之一，對於整個研究過程以及研究結果，極為清楚了解，並且從中獲得了一些啟示，因此想藉此機會在這裡作介紹，同時提出一些自己的看法。

二　海峽兩岸國（初）中國（語）文教科書比較的研究情形

　　這項研究是以臺灣地區從民國七十八年起陸續改編完成的現行六冊國中國文課本，和大陸地區從一九八七年到一九八八年出版的現行六冊初中語文課本，作為研究的範圍。採取集體研究的方式，先共同訂定九章研究大綱，依序為：緒論、教科書之編輯及其依據、教科書內容及其配置、版式與編排體例、課文體裁的特色、思想情意的內涵、語文常識的內涵、作業練習、結論與建議。每章之下再依實際需要區分為若干節。

　　大綱決定以後，每章分由研究員進行比較研究，等到研究比較得到結果以後，草擬初稿，交由所有研究員討論，並且邀請學者專家舉行座談，最後再根據討論以及座談會上所提出來的意見，作進一步的修正，完成定稿。

　　這項研究是針對兩岸國（初）中的國（語）文課本進行比較，在比較時遭遇到的難題很多，主要的有下列幾點：

1. 臺灣地區的國民中學教育屬於義務教育，學生並未經過考試篩選；大陸地區的初級中學教育並非義務教育，學生必須通過升學考試才能入學。所以從理論上來講，大陸地區初中學生的素質比較臺灣地區國中學生來得高，在此情形之下，大陸地區初中語文教科書所選的範文，不論分量及深度，都超過臺灣地區的國中國文教科書。因此在作比較研究時，究竟應該如何拿捏尺度，就頗費斟酌了。

2. 資料的搜集很不容易。臺灣地區的參考書雖然很多，但大多是升學參考書，而不是研究資料；大陸地區的研究資料雖然比較多，但是發行情況很不理想。我們雖然透過臺灣、香港及大陸地區的

出版社和書局，多方面採購，可是限於資訊不全和郵寄往返費時，每每感到資料不齊或緩不濟急，作起研究來也就覺得特別辛苦。

3. 部分項目的差異度很大，很難作相對的比較。海峽兩岸國（初）中的國（語）文教科書內容中，確實存在著相當多的差異，如果差異度不大，就可以用相互對照的方式加以比較，清楚的顯示其不同情形。但是有些項目，或者我們有他們沒有，或者他們有我們沒有，就很難作相對式的比較了。

4. 部分項目的認定不容易，影響到客觀的統計。譬如教材分量章中的各體文比例、思想情意的內涵章中的各項主題等等，各人的認定難免會有所出入，對於客觀的統計，勢必會造成影響。為了彌補此項缺憾，我們採用多人認定，取其多數方式，作為判定的依據，以盡量減少歸類時陷入主觀的毛病。

5. 基本資料繁多，很難全面探討。臺灣地區的國中國文課本，一到五冊各選範文二十課，第六冊為十八課，總共有一百一十八課範文。大陸地區的初中語文課本，每冊所選範文都是四十課，總共有二百四十課範文。兩者相加，範文總數為三百五十八課，這還不包括語文常識以及練習的部分。這麼多的基本資料，要作全面而深入的研究，實際上是很不容易。

　　儘管遭遇了以上所述的這些困難，但研究小組的成員還是盡量設法加以克服，在大家的同心合力之下，終於如期完成了研究計畫，發掘了兩岸國（初）中國（語）文教科書中的許多相同相異之處，可以作為我們改進國中國文教材教法的參考之用。

三　海峽兩岸國（初）中國（語）文教科書的異同

臺灣地區的國中國文課本和大陸地區的初中語文課本，有相同之處，也有相異之點，比較值得我們注意的有以下各項：

1. 臺灣地區的國中國文課本是由國立編譯館組織編審委員會，依據教育部頒布的國民中學國中國文科課程標準統一編輯的。大陸地區的初中語文課本則是由人民教育出版社中的語文一室，依據國家教委頒布的全日制中學語文教材大綱，聘請委員編輯而成的。也就是說，兩岸的國（初）中國（語）文課本都是統編本，或稱標準本。

2. 兩岸的國（初）中國（語）文的教學目標都很重視對語文的聽、說、讀、寫能力的培養和訓練。同時也強調培養愛國情操和倫理道德情操，不過大陸地區所指的道德是社會主義的道德，也就是愛黨愛人民；並非是傳統的倫理道德。

3. 在教材分量上，臺灣地區除第六冊為十八課以外，其地各冊都是二十課。每冊各有四課為選讀，其餘為必讀。總計六冊共一百一十八課，九十四課為必讀，二十四課為選讀。大陸地區則每冊都是四十課，各分為講讀、課內自讀、課外自讀三類。總計六冊共二百四十課，其中講讀一百一十九課，課內自讀六十五課，課外自讀五十六課。兩相比較，大陸地區的教材分量很明顯的比臺灣地區高出許多。

4. 在課文的編排上，臺灣地區是將白話文和文言文錯開，將論說文、記敘文、抒情文等各體文錯開，並沒有單元的設計，好處是可以避免前後課都屬同一文體，造成學習時的感到枯燥乏味，缺點則是顯得比較雜亂。大陸地區則剛好相反，將同一文體的課文安排在一起，每五課為一個單元，每冊各為八個單元。

5. 在課文體裁方面，兩岸的國（初）中國（語）文課本都是白話文多於文言文，論說文多於記敘文和抒情文，散文多於韻文。不過大陸地區除了古今的詩歌和散文以外，也選了不少篇的現代小說和戲劇，臺灣地區則只有兩課現代小說，至於戲劇則一課也沒有。

6. 在版式設計以及文字編排上，臺灣地區很明顯的比大陸地區生動活潑了許多。其他像紙質、裝訂、字體印刷、插圖繪製等各方面，臺灣地區也遠比大陸地區來得精美牢固，反映出兩個地區社會型態以及經濟發展的差異性。

7. 在思想情意的內涵方面，臺灣地區比較注重道德及生活情感的薰陶，因此對於生活習慣、家庭倫理、學校倫理、社會倫理、景物觀感頗為強調。大陸地區則偏重於灌輸知識及價值觀，其所重的知識不僅止於語文，還包括了科學常識，在價值取向上則表現出對軍政人員的愛戴，和對社會主義以外者的敵意傾向。

8. 在所設計出來的二十五個主題類目中，臺灣地區的次數為零，也就是一課都沒有的是：政治價值、政府人員、敵意傾向、物質建設、語文訓練、科學常識。大陸地區次數為零的是：民族文化、環境道德、職業道德。這也可以看出兩岸在思想情意內涵上的差異。

9. 大陸地區的課文中，所顯現的政治意識之強烈，遠超乎事先想像的程度，既選用了不少政治人物的文章，在各體文當中，不僅論說文為歌頌社會主義之偉大的作品，即使是記敘文和抒情文，也常常帶有濃厚的思想宣傳意味。

10.在語文常識方面，臺灣地區是按照內容性質編排，分量比較少，形式也簡單，偏重知識概念的介紹，本身自成一個系統，並未與課文互相配合，大陸地區的編排方式則是以練習形式作區分，分量比較多，偏重於語文能力的訓練，包括了書面的寫作和口語的表達，教材較為多樣性，並且配合單元課文進行。

11. 臺灣地區在大多數的課文中附有若干詞語要學生查考字典再寫出
其意義，又每一課都有若干題的問題與討論。大陸地區則在講讀
課文中附有思考題與練習題各若干題。這些帶有作業性質的題
目，臺灣地區題數較少，題型也較單純，在內容上則比較偏重深
究鑑賞。大陸地區題數較多，題型較有變化，在內容上則比較偏
重語詞運用、修辭技巧、文法結構、寫作訓練等。

四　從比較結果談如何改進國中國文的教材教法

從以上所介紹的研究結果看來，海峽兩岸的國（初）中國（語）
文教科書，其實是各有優劣，很難說臺灣編得比較好，或大陸編得比
較好。不過站在他山之石可以攻錯的立場，大陸的初中語文教科書，
儘管有許多地方是我們所難以苟同的，但是仍然有不少可供我們借鏡
之處。以下就提供筆者的一些看法，或許對於我們國中國文的教材教
法的改進，可以有所助益。

1. 要提高學生的國文程度，讓學生多閱讀名家的作品是十分必要
的，可是我們目前所提供的課文，在國中三年之內只有
一百一十八課，分量顯然不足夠。大陸地區的初中語文課本，每
冊四十課，六冊共二百四十課，其總分量超過臺灣地區的兩倍以
上。儘管受到上課時間的限制，大陸地區實際上並不能把所有的
課文都教完，因此將每冊的課文分成講讀、課內自讀、課外自讀
三類，自讀的文章，教師雖然只略加講解或根本不講解，但學生
則必須自行閱讀。所以就學生的閱讀量來講，大陸地區的學生是
比我臺灣地區的學生增加了許多，可以有助於提升他們的程度。
由此看來，我們的國中國文教科書，似乎有必要增加每冊的課數。

2. 或許有些國中的國文教師會認為以目前所有的課數，上課時間已經感到不夠，經常需要趕課，如果再增加課數，上課時間豈不是更為不足？可是根據筆者考察得知，大陸地區語文課每週上課節數為六節，這與臺灣地區相同，不過他們每節的時間為四十五分鐘，臺灣地區則為每節五十分鐘，所以總的來說，我們的上課時間比他們多了些。那麼到底他們是怎麼教的呢？筆者曾經訪談了幾位北京地區的初中語文教師，據他們說，大抵是兩節上完一課講讀課文，一節指導學生作課內自讀，至於課外自讀，則責令學生自行閱讀，上課時間注意內容大要及篇章結構，不在字詞上作很仔細的講解，這種作法正好與我們相反，我們的國中教師很賣力，很辛苦，但卻把大部分的時間花在字詞的講解上，而且有時候還講得很苛細，以至於學生往往在學完了一課課文以後，只記得一些零碎的詞句，對於整篇文章的主旨所在及其章法布局卻茫然不知。兩相比較，似乎是我們比較忽略了重點，因此如何在教師的教法上作大力的調整，應該是我們今後努力的方向。

3. 要提高學生的國文程度，除了要多讀以外，還必須讓他們多寫。我們雖然也有作文讓學生來練習寫作，可是課本中對於如何練習寫作，指導得並不多。據筆者實際的了解，大部分的教師也不在這方面作指導。作文課大抵是採取放牛吃草的方式，教師在出了作文題目以後，有的只略加提示，有的根本什麼也不講，就讓學生自由發揮去了。結果學生寫出的作文亂七八糟，教師只得費心的批改，可是學生對於教師的批語往往看都不看，根本收不到指正的效果，教師的辛苦也變成毫無代價。大陸地區的初中語文課本循序漸進地安排了許多有關作文訓練的單元，從遣詞造句，到謀篇布局，對學生進行指導，並要求其作各種練習，類似這種作法實在很值得我們加以仿效。

4. 在作文訓練方面，我們做得很不夠，在說話訓練方面，我們所做的更是不足。雖然在國中課本中的語文常識裡，安排有演說的訓練，可是大部分的教師並沒有實際的去要求學生演練。另外附在每一課後面的問題與討論，本來也是希望能藉此訓練學生的口語表達，不過許多教師似乎也沒有善加利用。在這方面，大陸的作法就比我們強多了，他們也是在課本中很有計畫的安排了不少訓練學生說話的單元，這一點也是很值得我們注重參考的。

5. 作業的練習可以強化學習的效果，臺灣地區的國中國文課本，雖然也有一些詞語要學生自己去查考，有問題與討論要學生去解答，但是題型簡單，題數也不多。大陸地區的初中語文課本，除了作為教科書使用以外，似乎還具有作業本的性質，所以在編輯體例上，有關練習的項目和題數都比臺灣地區超過很多，而且該背誦的課文也都在作業中指出來。此外，人民教育出版社還編有作業練習簿，提供更多的習題供學生作答，以配合課本教學，考查學習效果，這也是可供我們參考的地方。

　　以上五點是筆者從海峽兩岸國（初）中國（語）文課本的比較中，所發現到一些值得我們重視並且作改進之處。當然，由於環境的差異，有些作法雖然明知道有效，但是如果客觀條件不能配合，也很難實施。譬如過去就有國中教師建議國立編譯館在教科書之外，另編作業簿，國立編譯館也願意配合，但是經過調查，由於這樣一來，教師必須批改作業，增加了教師的負擔，許多教師都表示反對，此事也就只好作罷。因此，除非能在客觀條件上作有效的配合，否則許多良法美意恐怕都很不容易實現。

　　此外，教科書的編輯必須合乎課程標準的規定，而教科書編成以後，更需要教師們善加發揮運用，才能充分收到良好的效果。所以從課程標準的訂定，到教科書的編輯，以至教師的教學，實際上是環環

相扣，任何一個環節出了問題，都會使教學效果大打折扣。所以我們一方面是期望以後課程標準能夠修訂得更有彈性一些，另外一方面也希望教科書的編輯，能廣泛的參考其他地區，不僅大陸地區，還有香港地區的作法，盡可能的將人家的優點融會進來，使其能夠更為理想，更適合於教師的使用，來共同提昇學生的國文程度。我想這也是大家所共同期望，而且必須一齊努力的目標吧！

　　　　　　──原刊於教育部人文及社會學科教育指導委員會編
　　　　　　《國語文教育之趨勢》，一九九五年十二月。

伍
新編國中國文教科書答客問

　　國中國文教科書目前正在進行重新編輯的工作，預計於八十六學年度開始推出試用本，供各國民中學使用。由於各界對於國中國文教學一向非常關心，為了表示答謝之意，並增進大家對新編本的了解，以期於將來使用之時，有助於教學效果的提升，乃撰寫本文以供參考。

　　本文所將探討及解說者，雖然都是針對新編國中國文教科書而發，但是由於牽涉的主題有好幾個，很不容易用一個確切的詞語完全加以涵蓋，因此只好採取假設問答的方式，將大家比較想知道的幾個重點，提出來說明討論，題意或有不清之處，尚請見諒。

　　依「課程標準」的規定，即將於八十六學年度開始使用的教科書，其實有「必修本」和「選修本」兩種。不過因為「選修本」是供選修課使用，每週授課時數為一至二節，但將來各校是否皆開設國文選修課？即使開了選修課，每週授課時數究竟是一節或兩節，都還無法確定[1]。因而本文以下所論都是針對「必修本」而言，這是首先必須作說明的。

1　按依〈國民中學選修科目國文課程標準〉規定，其時間分配為「三個學年，六個學期，每學期每週教學節數為一至二節。」但按《國民中學課程》總綱之科目與節數項下規定，以一年級為例，國文、英語、數學皆設有選修科目，每週授課都是一至二節，可是選修總節數只有一至二節，所以實際上不可能讓所有的選修課都開成。分見教育部編：《國民中學課程標準》，（臺北市：教育部），頁469及7-8。

一　國中國文教科書為何要重新編輯

「國民中學課程標準」於民國七十二年七月經教育部修正公布以後，雖然在民國七十四年又作了修訂，但幅度非常小。近十年以來，時代環境有了很大的改變，尤其是從民國七十六年政府解除戒嚴以後，整個社會更起了很大的變化。為了因應這種情勢，教育部乃自民國七十八年開始著手修訂「國民小學課程標準」。為求一貫，也於同年八月起，陸續成立國民中學課程標準修訂委員會，以及各類小組，積極展開修訂的工作[2]。在民國八十三年十月修正發布了新的「國民中學課程標準」，並於民國八十四年將「課程標準實施要點」，分函臺灣省教育廳、臺北市、高雄市教育局、福建省政府及國立編譯館等相關單位，規定必須依據新「課程標準」，編輯教科書，並訂於八十六學年度起逐年試用修訂，且自八十七學年度起正式使用[3]。

國立編譯館為了配合新「課程標準」的規定，以及「課程標準實施要點」的要求，乃於民國八十四年六月成立國民中學各科教科用書編審委員會，其中包括國文科編審委員會，對國中國文教科書進行重新編輯的工作。

二　國中國文教科用書編審委員會是如何組成的

國中國文科教科用書編審委員會的組成，係先由國立編譯館考量在國文科專業領域上享有卓譽，並熟悉或熱衷於中學教材之編寫、研

2　有關此次修訂「課程標準」的詳細經過情形，請參見教育部編：《國民中學課程標準》，頁797-833。

3　參見《國民中學課程標準》之甲、發布令及乙、實施函暨頁1-3。

究者，選擇人選，再呈請教育部長核定後，敦聘主任委員一名。然後再由主任委員與國立編譯館就教育部、省市教育廳局、各大專院校、各教師研習機構等所推薦的人選中，擇定若干人，聘請為委員，共同組成編審委員會。

委員之遴聘，必須包括下列五類人士，並採取一定的比例：（一）學科專家，約佔百分之四十；（二）現職任課教師，約佔百分之三十五；（三）課程暨心理等教育學者，約佔百分之十；（四）教學媒體製作專家，約佔百分之五；（五）教育行政人員暨國立編譯館編審人員，約佔百分之十[4]。

編審委員會組成以後，由全體委員推選委員若干名為編輯小組成員，負責編輯教科書。

目前已組成的國中國文科教科用書編審委員會，主任委員為黃錦鋐教授，編輯小組成員為郭鶴鳴教授、許俊雅教授、楊如雪教授、馮聞老師、翁淑芳老師、董金裕教授，並由董金裕教授擔任編輯小組召集人。

長久以來，總有一些人以為編審委員會中沒有國中國文教師，其實一向都有。由上所述，可見剛組成的編審委員會中，不僅有國中國文教師，而且還佔了一定的比例。目前二十九位委員中，國中國文教師計有十位；而在編輯小組六位成員中，國中國文教師也有兩位。這是必須向大家作澄清的。

4　有關主任委員及編審委員之遴聘及比例等，請參見〈談國中新課程各科教科用書編審委員
　會組成〉，《國立編譯館通訊》第 9 卷第 1 期，頁11-15。

三　在編輯的過程中是否遭遇到困難

　　編輯小組在進行工作時，確實遭遇到若干的困難，約而言之，主要有下列幾點：

　　一是編輯教科書必須遵照「課程標準」的規定，然而新的「課程標準」固然有其優點[5]；可是也有一些立意雖然很好，但要實施起來卻有困難的規定，譬如要求將所選用之教材「以單元方式作有系統的安排」，編輯小組為此嘗試了各種不同的安排，都感到有所不宜[6]。此外，又有些規定的用意並不很清楚，譬如在語文常識中，規定必須將應用文編在一年級上學期（即第一冊），其內容則包括書信和柬帖，書信部分尚不成問題，可是柬帖就與國中生的生活沒有多大的密切關係。又如規定應將工具書使用法、標點符號使用法編在二年級上學期（即第三冊），這兩樣比起應編在一年級下學期（即第二冊）的文字基本

5　如為配合總綱三個學年，六個學期，每學期每週教學節數均為五節，每節為四十五分鐘之
　　新規定，將範文篇數改為「第一、二學年，第一學期各選範文十五篇，第二學期各選範文
　　十四篇。」「第三學年第一學期選範文十五篇，第二學期選範文十三篇。」又將作文篇數改
　　為「每學年第一學期，各習作八篇，批改七篇，共同訂正一篇。」「第一、二學年第二學
　　期，各習作七篇，批改六篇，共同訂正一篇。第三學年第二學期，習作六篇，批改五篇，
　　共同訂正一篇。」即能顧應到教學總時數已減少，以及上下學期教學時間不相同的實際情
　　形。見《國民中學課程標準》，頁 21，及頁 23-24。

6　如以第一冊為例，依「課程標準」的配置，記敘文六篇（包括語體文五篇、文言文一篇）、
　　論說文四篇（包括語體文三篇、文言文一篇）、抒情文四篇（包括語體文三篇、文言文一
　　篇）、應用文一篇（不限語體文或文言文。若以文體作為安排單元的依據，則各單元分量
　　極不均衡，且將同一文體的幾篇文章安排在一起，學習時容易感到枯燥。若改以內容主題
　　作為安排單元的依據，不僅增加選文的困難，同時將主題接近的幾篇文章安排在一起，學
　　生也會感到厭煩，另外每冊只有十五課，根本容納不了多少個主題。不過「課程標準」的
　　規定既不能違背，所以最後我們決定以適合實際教學需要為原則，採取以類相從的方式，
　　文章內容只要有所關聯，即將之排列於一處，若無關聯，則只好以一課自成一單元。

構造，顯然是較淺的[7]。諸如此類的規定，都讓我們在編輯教材時煞費了苦心。

　　二是選擇範文十分困難，雖然目前出版事業非常發達，每天在報章雜誌上發表的文章很多，可是這些文章極少是為國中生而寫的。編輯小組在選擇時，必須顧慮到其內容是否適合國中生閱讀？而在有限的教學時數中，也不能不考慮文章的長短程度如何？文章中的生字難詞是否太多了？另外更要配合「課程標準」中對各體文的配置[8]，……所以要選定一篇適合的範文，並非如一般人所想像的那麼容易。

　　三是在訂定教科書中每課應包括哪些項目時，很難兼顧到各界的要求以及現實的情況，例如有人主張將教學要點，或段落大意，或課文分析，或文言文的白話翻譯等都放在教科書中，然而教學時數有限，再加上教科書中的材料皆有可能成為升學考試的命題範圍，而教學是否會因此落入刻板的窠臼也必須考慮，……凡此種種，都是我們在確定項目前必須作審慎評估者。

　　四是有些說解，各家說法並不一致，用詞也有所不同，很難決定

---

7 「課程標準」有關語文常識的配置，是以表列方式呈現，茲迻錄如下表，以供參考（《國民中學課程標準》，頁22）。

項目　　　　　　學年	第一學年		第二學年		第三學年	
	上	下	上	下	上	下
應用文作法（書信、柬帖）	⊙					
文字基本構造		⊙				
書法		⊙				
工具書作用法			⊙			
標準符號使用法			⊙			
語法				⊙		
修辭法					⊙	
演說辯論法						⊙

8 「課程標準」有關範文之各體文配置，是以表列方式呈現，茲迻錄如下頁表，以供參考。見《國民中學課程標準》，頁20-21。

取捨，如〈國歌歌詞〉中的「主義是從」，有人認為是倒裝句，可是在文言句法中本來就應如此表達，何倒裝之有？若硬要使其成為「正裝」，反而是不通了。又如修辭中的擬人化，有人認為應該稱為人性化。……似此之類，都需要費一番斟酌。

　　五是為了符合「著作權法」的規定，凡被選作範文者，我們都會與作者聯繫，徵求其同意，並酌付酬勞。然而作者之答覆或要求不盡相同。例如對採用的文章原則上我們是盡可能不改動原文，但是為了適合教學的需要，有時候卻不得不在文字、標點或段落上作一些調整，然而有些作者同意，有些作者甚至還主動修改，但有些作者則並不同意。又如應該給付多少酬勞，不同的作者也往往有不同的看法。舉凡此等，都必須作不斷的溝通。

四　範文是如何選定的

　　編輯小組考慮到有不少的舊範文，深受大家的喜愛，仍適宜繼續選作教材；而且如果抽換掉太多的舊範文，會增加教師備課的負擔。再三斟酌，首先確定新舊範文的比例為三分之一與三分之二，如以每

學年 篇數 文別		第一學年		第二學年		第三學年	
		第一學期	第二學期	第一學期	第二學期	第一學期	第二學期
記敘文	語體文	五篇	四篇	四篇	三篇	二篇	二篇
	文言文	一篇	二篇	二篇	二篇	二篇	二篇
論說文	語體文	三篇	三篇	三篇	二篇	三篇	二篇
	文言文	一篇	一篇	一篇	二篇	三篇	三篇
抒情文	語體文	三篇	二篇	二篇	二篇	一篇	二篇
	文言文	一篇	一篇	一篇	一篇	二篇	一篇
應　用　文		一篇	一篇	二篇	二篇	二篇	一篇

學年上學期的十五篇為例，原有範文約保留十篇，另外再增選新範文約五篇。

　　原則確定以後，即開始對現行國中國文教科書中的一百一十八篇範文作逐篇的篩選，主要依據是教育部人文及社會學科教育指導委員會所主編的《選文研究》[9]。將其中被列為優、佳兩等的文章全部挑選出來，至於被列為中等者則再經討論斟酌以決定取捨，最後再參考國立高雄師範大學國文系所作的調查[10]、各縣市教學輔導團、各校教學研究會、各教師、家長、學生的反應意見，共選取原有範文約六十篇。

　　至於新範文部分則由每位編輯小組成員分別各挑選約五十篇，並分函各編審委員推薦，共得約四百篇文章，然後逐篇過濾，又選取範文約三十篇。

　　總合被挑選出來的新舊範文約九十篇，再逐一審查，發現有些文章的反應雖然良好，但卻為同一作者的作品，如朱自清的〈匆匆〉、〈背影〉、〈春〉，在《選文研究》中皆被列為優、佳兩等，似此情形，為避免同一作者的文章被選入太多，最後決定每位作者的文章最多不超過兩篇。

　　在挑選文章時，為了順應本土化的潮流，也考慮到國中生所喜愛的作家，我們選錄了部分本土早期作家，以及目前比較熱門作家的作品，

9 《選文研究》搜集歷來被選入國小高年級、國中（初中）、高中、高職、空中大學等教科書中的文章，共八百九十五篇，製成問卷，對國小、國中、高中、高職國文教師作反應調查，每篇文章分優、佳、中、可、否五個評價等級。計發出問卷八一五份，收回六〇二份，回收率達百分之七十四。是從來所作類似調查中最為普遍而具有代表性者。其詳可參見教育部人文及社會指導委員會編：《選文研究》（臺北市：教育部，1933年），頁4-7。編輯小組在以此書作為參考時，是將優、佳兩等所佔比例，與可、否兩等所佔比例相對照，如前者達超過後者，即加以選用，否則就剔除。因此有些文章雖然被列為佳或中等，還是被淘汰掉。

10 現行國中國文教科書自七十八年起，參酌使用意見，再次改編完成後，曾由國立編譯館以兩冊為一單位，委託國立高雄師範大學國文系作研究調查，由國立編譯館印行了三冊研究調查報告。

希望藉此培養學生關懷本土文學的情懷，並且願意多作課外的閱讀。

附帶說明的是，在被挑選出來的文章中，雖然仍有孫文的〈國歌歌詞〉、〈立志做大事〉，和蔣經國的〈生存與奮鬥的啟示〉，不過這是因為這三篇文章受到大家的歡迎，另外選〈國歌歌詞〉可以讓學生於集會唱國歌時，明瞭其意涵；選〈立志做大事〉則是由於其中所說的「做大事」之意，很適宜目前社會多元化發展的需要；選〈生存與奮鬥的啟示〉乃在於文中指出人與魚、鳥的不同是人不只要圖生存，更要為目標而奮鬥；又可藉此文讓學生接觸世界名著《老人與海》，以拓展其國際視野。總之，這些文章所以被選用，一方面是基於大家的反應良好，又各有其正面的作用，並非是考量作者的身分所作的決定。

五　新教科書的編輯方向如何

在編輯的方向上，編輯小組除了承繼過去的一些做法之外，也作了一些調整，主要有下列幾點：

一是調整編輯的項目及次序，將「題解」及「作者」按照教學的順序提到範文之前，同時在內容上略加充實。另外又新增了「作業練習」，不過由於考慮到「作業練習」和「問題與討論」有時不易截然畫分，因此把這兩項歸併為「討論與練習」。又因為新增項目，惟恐教科書的分量太多，所以把每課「討論與練習」的題數規範在六至十題之間。

二是配合小學國語課本已選用部分文言文，及其使用字彙之情形[11]，在作說解時，文字力求精簡，如過去在「題解」中指明範文出處

---

11 編輯小組曾將國小高年級國語課本所使用的字彙，全部整理出來，以作為參考。

時，皆作「這一篇文章是從某書中選錄出來的」，現在則改作「本文選自某書」，其他像「作者」、「注釋」項目下的文字也是如此。

三是為了減輕負擔，避免讓學生死記一些資料性的東西，凡是「題解」中的範文出處，都只注到書名為止而不注篇名；「作者」中有關作者著作的介紹，最多不超過五種；另外「注釋」中如有異解者，或有典故及出處者，在教科書裡只採取一種解釋，也不引用典故或出處，而將其他的解釋，以及典故、出處等放在教師手冊中，提供教師參考，讓教師自行決定是否有必要向學生介紹。

四是在討論與練習題方面，我們有時故意設計一些沒有定解的題目，用意是希望藉此讓學生作多方面的思考，並訓練其表達能力，所以並無所謂標準答案。也因此在教師手冊的「討論與練習指導」項目下，只能注明請教師鼓勵學生發言，或指導學生練習了。

五是過去由於教師手冊的編輯、印刷、發行分屬不同的機構掌管，且彼此之間的協調情況並不理想，以致教師手冊往往無法或不能及時配發給教師[12]。此次則由國立編譯館出面，邀集聯供處、臺灣書店，互相協商而取得共識，將來教師手冊會與教科書同步印行。同時在教師手冊中，除了以往所有的「題解」、「作者」、「注釋」、「課文分析」、「問題與討論參考答案」、「補充資料」項目外，又新增了「教學目標」、「教學準備提示」、「教學資源」（內分「作文題目設計」、「類文」、「參考資料」三項目），期望能提供教師更多的協助[13]。

---

12 國立編譯館及編審委員會對教科書僅負編輯、出版之責；編輯完成後，即交由各出版社組成的聯供處負責印刷；印刷出版後，再交由臺灣書店負責配發。請參見《國文天地》第 7 卷第 11 期（1992 年 4 月），董金裕撰：〈國中國文課本是怎麼編出來的 ── 兼對若干問題作澄清〉。

13 原有的「問題與討論參考答案」已改稱為「討論與練習指導」。

六　目前編輯小組的工作狀況如何

編輯小組自從於民國八十四年六月編審委員會召開第一次會議時，被推選組成以後，即積極展開各項工作，截至本文完稿為止（八十五年五月八日），共召開了四十一次小組會議，每次費時皆在三個小時以上。目前已陸續完成了下列工作：

首先是挑選出一至六冊教科書共八十六篇範文，並且依照「課程標準」的規定，作了適當的配置，擬好暫定的篇目，經編審委員會審查通過。挑選的過程相當辛苦，也十分費時。

其次則共同商定編輯的項目、體例，以及撰寫的方式和限定字數。

再來是將第一冊的十五篇範文及兩篇語文常識，包括教科書和教師手冊部分，分配給各成員撰寫。撰寫完成後，再依課序，對每一課作逐字逐句的討論修改。此項工作最為費時、傷神。

至今編輯小組已完成第一冊教科書及教師手冊，並分為兩次提交編審委員會討論完畢。準備將各編審委員的意見，按綜合性和個別性（即針對各課所提的建議）加以歸類，逐條作討論修改，以期早日完成定稿，俾便於請專人設計版式並繪製插圖。

附帶說明的是，除了「必修本」以外，也已經完成「選修本」（計共三冊）的暫定篇目，且正對第一冊教科書及教師手冊的各課進行討論修改中。

七　是否有什麼期望或建議

編輯小組在將近一年的工作期間，每位成員莫不抱著戰戰兢兢的態度，黽勉從事，但也深知這是件巨大的工程，疏漏之處或有不免，

所以亟盼各界能夠繼續給予鞭策、協助：

　　一是目前雖已擬好六冊暫定篇目，但仍請大家能夠提供合適的範文，如確有較已經入選者更妥當的文章，我們一定會考慮作調整。

　　二是第一冊的篇目已經確定，並且完成初稿，再經過修正，即可排印發行，將來開始試用以後，請大家踴躍提出修改意見，以便作為我們修訂時的參考。

　　三是請大家在提供意見時，能配合「課程標準」的規定，譬如過去有人建議增加（或減少）範文篇數，也有人建議多選語體文（或文言文），多選記敘文（或論說文、抒情文、應用文），……等，但因「課程標準」對於每冊篇數，以及各體文的比例，皆已有所配置，編輯小組礙於規定，實難採行[14]。

　　四是提供意見時，請不要在範文的主旨之外作要求，譬如以往有人認為朱自清的〈背影〉，描述其父攀爬月臺、軌道去買橘子，已違反交通規則；也有人認為《列子》中的〈愚公移山〉，造成了環境的破壞，有悖於環保的觀念，……如果用這樣的方式來評論文章，那麼任何一篇文章都無法被選作範文了。

　　五是請不要與大陸、香港或其他地區的語文課本作片面的比較，這是是由於各地區的環境、學制、課程標準的規定、教科書的出版情形……等皆有所不同，如果不能作全面的考量，而只是摘出其中一兩點作比較，不僅有失公平，而且也容易造成褊狹而不客觀[15]。

---

14 按「課程標準」對各體文的配置，雖容許於編輯時「斟酌增減」，「但以百分之五為限」，百分之五以四捨五入計，僅有一課，所以編輯小組能夠彈性處理的空間非常小。見《國民中學課程標準》，頁 18-19。

15 國立編譯館曾委託李威熊（主持人）、王志成、方嘉琳、汪其樣、范文芳、董金裕、蔡宗陽、蘇琇敏（以上為研究員）等人對海峽兩岸的國（初）中國（語）文課本作全面的比較研究，出版有《海峽兩岸國民（初級）中學國（語）文類科教科書之比較研究》，所得結論為優劣互見。又進行此項研究時，筆者曾藉赴北京參加國際會議之便，前往負責編輯大陸初中語文課本的人民教育出版社語文一室訪問，接待的一位編輯先生在得知我的來意之

　　六是教科書一旦編成，其內容與形式即成為固定，而有其侷限，所以有賴於教師的善加運用。因為人是活的，只有師生能加以活用，教科書才有可能發揮其功能（所以我們在編輯時，常考慮到是否能給與師生比較寬廣的發揮空間）。

　　七是為了順應教學時數減少一節的規定，新「課程標準」不論對每冊範文的篇數，或作文的篇數，也都作了刪減，這固然是為了配合教學的實際需要，但從另外的角度來考量，其實對提高學生的國文程度是有其負面性的。因此我們期盼教師在教學時能儘量從大處著眼，不要過於苛細瑣碎；同時也要利用各種機會，來增加學生的閱讀量和寫作量；以提升學生的程度[16]。

　　　　　　　　——本文原刊於《國立編譯館通訊》第九卷第三期，

　　　　　　　　　　　　　　　　　　　一九九六年七月。

　　後，開口即說：「你們的教科書編得比我們好。」顯現出人們往往有「坐這山望那山，那山比這山高」的心理，而使論事不夠客觀公平。

16 教師手冊中每課皆附有「類文」，即是希望教師能以之作為學生的課外閱讀材料，並要求其撰寫讀後心得，以增加學生的閱讀量和寫作量，祈請教師能善加運用。

陸
國民中學國文教科書統編本的演進與定位

　　自民國五十七年政府開始實施九年國民義務教育，成立國民中學以來，國民中學國文教科書歷經四種課程標準[1]，五種版本[2]，皆屬統編本性質。隨著九年一貫課程的即將實施，國民中學國文教科書也將開放給各出版社編輯，只要通過審查，即可讓各學校自行選用。亦即從民國九十一學年度起，國民中學國文教科書就要由統編本轉型為審定本。在統編本就要走進歷史之際，由於筆者實際參與統編本的作業將近二十年，歷經二種課程標準（民國七十二年、八十三年）、三次改版（民國七十八年教科書適切化、合理化亦大幅改版），對統編本的演進有所了解，因擬就自身經驗，對此過程及其定位，選擇比較明顯者，略作評述。

1　這四種課程標準分別是：民國五十七年制定之國民中學暫行課程標準、民國六十一年修訂之國民中學課程標準、民國七十二年修訂（七十四年擴大修訂）之國民中學課程標準、民國八十三年修訂之國民中學課程標準。

2　每制定、修訂一種課程標準，即須編輯新版本教科用書，故共有四種版本；另，民七十八年為因應教科用書適切化、合理化，亦大幅改版。在版式上，前三種為二十四開本，後兩種（民七十八、八十三）為十六開本。

一　編輯陣容增強

在前述五種版本的前四版中，雖然皆組成陣容龐大，數達二三十名委員的編審委員會，但實際參與編輯作業的編輯小組成員，卻只有兩三位，而且都是大學教授；直到最後一次的版本（八十三年課程標準），編輯小組的成員則擴增到七位，另外除了大學教授以外，也聘請國民中學教師加入。此種變革，不僅可以大幅減輕編輯小組成員的負擔，對每課的編寫投注較多的時間與心力；並且因為有實務工作者的參與，使所編寫的內容更能貼近實際教學的需要。

二　編輯項目擴充與體例統一

在最早的版本中，編輯項目只有課文、題解、作者、注釋，後來增加了問題與討論，最後又將問題與討論擴充為討論與練習，幅度雖然有限，但已逐步加入課堂上口頭與書寫練習的項目，使教師在學生學習之後能馬上進行考查。此外，各項目中的體例也在歷次改版中逐漸調整，而有了統一的體例。終於使得每課的課目，以及各項目的體例不至於有所參差。

三　字形字音統一

在前兩種版本中，由於教育部尚未公布標準字，也還沒有進行統整讀音的工作，所以教科書中所採用的字形與標識的字音，雖然皆有所依據，但各字典、詞典的字形、字音往往有所出入，因而常造成教

學的困擾。到了後來的版本中，開始明確的採字形依標準字體、字音依一字多音審訂表所訂者為準則[3]。實施以來，由於標準一致，大家也都能夠接受，此在無形中已消除了許多不必要的爭執與困擾。

四　官樣文章逐步減少

在前三種版本中，由於特殊的時代因素，幾乎每冊都選用國父或先總統蔣公的文章作為範文，不僅教學效果不佳，更常為眾所詬病。其後經由編者的努力，也隨著時勢的變遷，到第四版已大幅減少；及至最後一版，已不再選用任何一篇先總統蔣公的文章，儘管還有一篇國父的文章，但已跟他篇選文的處理方式一致，在稱呼上皆以「作者」而非「國父」作為指稱[4]。這種改變，明顯的受到大家一致的好評。

五　本土文學作品酌量增加

早期的版本，在編輯時，基本上是以大中國意識為主導，所選範文少有本土文學作品，到了第三版以後，就開始酌量增加此類作品，尤其是在最後一版中，數量更是大幅的提升，每冊十四、五課中至少占了兩三課以上[5]。此對學生認識本土文學，增進對本土的關心，以培

3　國字標準字體、國語一字多音審訂表皆為教育部所制定公布，目前教育部所公布九年一貫課程綱要及審查要點，已明確規定字形、字音以此兩者為標準。但因一字多音審訂表所收詞彙有限，故最後一版的統編本兼採重編國語詞典修訂本光碟版（教育部編輯公布）的標音。

4　僅在作者欄中介紹其為中華民國的國父，其餘各項目皆以「作者」稱之。

5　由於對本土文學定義的廣狹猶有爭議，故此採取較保守的統計，如以較寬廣的標準來看，其比例當以倍數增加。

養愛鄉土的情懷，在長期的接觸中潛移默化，無疑的將會發揮其應有的作用。

六 選文題材不斷擴充

隨著社會的進展，以往為大家所忽略的問題逐漸成為眾所矚目的焦點，教材當然也必須隨著時代的脈動作適度的調整。從歷次的改版中，可以清楚看出，在體裁方面，如選用新詩、現代小說等；在主題方面，諸如環保問題、師生倫理、兩性關係、民主素養等議題，皆已逐漸納入教材當中。對於擴展學生的關懷層面，培養學生的正確觀念，當然會有所裨益。

七 解說日趨淺明扼要

在早期的版本中，說解的文字，不論是題解、作者或注釋的用語，常出現較艱深者；尤其是在注釋中，往往引用古書的原文，形成注語非再作注釋則無法理解的怪異情形；成為教學上的不必要負擔。但隨著歷次的改版，這種現象已逐步消除，而改用較淺明的詞語作扼要的解說，使學習者在閱讀之後大抵就能一目瞭然，而不必教師再作進一步的解釋。

八　說解具有彈性而題型漸趨開放

以往在注釋或討論題中，每每會有定於一尊的說法，形成所謂的標準答案。後來在課本中，考慮到減輕學生的負擔，雖有異解，但仍只採一說，不過已在教師手冊將其他的說法列進去，並且注明亦可通。至於討論題，則會隨機設計一些開放性的題目，讓學生從不同的角度來發表看法，使學習不再僵化，而能以較寬廣的視野，作多元的思考。

統編本由於受限於政府編列的預算，在人力、物力上皆有所不足，再加上缺乏相互競爭的刺激，不免也有其缺失存在。但至少在過去三十多年來，肩負國民中學國文教學的使命，而主持其事者也能懍於職責的重大，在有限的條件下，黽勉從事。可以明白的看出，每作一次改版，都會有所突破，而呈現出較舊版更為新穎的神貌，以更切合教學的需要。

展望未來，審定本由於自由競爭的結果，各出版社為爭取較大的市場，必然會積極投入更多的經費與心力，編出各種品質優良的國民中學國文教科書。但不論如何，以上所述增強編輯陣容、擴充編輯項目與統一體例、統一字形字音、排除官樣文章、增選本土文學作品、擴充選文題材、採取淺明扼要的說解、作有彈性的解說及設計開放性的題目等，這些統編本在逐步的演進中，所樹立起來的原則與方向，相信還是會被編輯審定本的各出版社同遵共守。如此說來，統編本終將不免於走進歷史，但仍有其不容抹煞的歷史定位。

——原刊於《國立編譯館通訊》第十四卷第三期，

二〇〇一年七月。

下編

高中國文教科書部分

壹
改編「中國文化基本教材」的原則與用意

現行高級中學中國文化基本教材教科書，由於各方反映未能切合實際教學需要，國立編譯館為求改善，於本年三月，增聘本人為編審委員，並經編審委員會通過，由本人負責改編事宜。受命之後，深感責任重大，立即搜集各種反應意見，並與多位從事實際教學工作的高中教師磋商，邀請在高中任教的戴明坤老師協助，經過再三斟酌，反覆討論後，擬定編輯大綱，分別函請編審委員提供改善意見，再綜合大家的意見，著手進行改編。目前第一冊的教科書及教師手冊已經編竣，並經編審委員會修正通過，即將於新學年提供全國高級中學教學之用。在新教材推出之前，謹將編輯原則及用意說明如下：

一、依據課程標準之規定：按現行高級中學國文課程標準，在教材內容項目下，關於《中國文化基本教材》部分有兩項規定：一為「《中國文化基本教材》之內容，選授《論語》、《孟子》及《大學》、《中庸》。」二為「教材之編選，應依據其義理，採用分類編輯，先闡明章旨，必要時譯為語體，或加以申述。」新編本即依照此兩項規定，選材包括《四書》，並採分類方式編輯。

二、顧及學習心理與能力：選材既然包括《四書》，而《四書》深淺程度不同，為顧及學生之學習心理與能力，採取由淺入深方式，先授《論語》，次授《孟子》，再授《大學》、《中庸》。目前決定的分配範圍是：高一上下學期、高二上學期，共三冊，選授《論語》；高二下學期、高三上學期，共兩冊，選授《孟子》；至於《大學》、《中庸》則歸併為一冊，於高三下學期選授。

　　三、按《四書》各自內容分類：《四書》成書時代不同，內容亦各有所偏重，為避免造成體系之混淆，並使學生於學習之後，能掌握各書的重點。分別從《四書》當中，挑選能代表該書主要義理，並且能配合現代人之思想觀念的章節，按照《四書》各自的內容，單獨歸納為若干類，將相關章節安排在一起，使能以類相從。

　　四、配合實際教學時數：依課程標準之分配，《中國文化基本教材》的教學時間，每週僅一小時。為避免匆忙趕課，使教師無法充分發揮，學生不能理解消化，酌量減少選授章數。以《論語》為例，三冊所選在二百四十章左右（即每冊約八十章），雖各章長短不同，但平均每週所授不到五章，在教學進度上較可從容掌握。

　　五、以原文為主解說為輔：修訂本教科書於各分類項目下，所選各章，先列原文（以較大號字體排版），次為注釋，最後為章旨。注釋及章旨之文字，力求簡明扼要。匯合若干章之內容而可以成為一小類時，則於章旨中另外再略加申述。此外，並將所選各章依朱熹《四書》集注之篇章次第，分別列於各冊之後，作為索引，使能略窺《四書》的原貌。

　　六、減輕學生課業負擔：遵照編審委員會的決議，教科書中之注釋，以朱熹《四書集注》之說為主，如朱注確有未盡妥當者，再參酌諸家說解，擇取較為妥善者。總之，每條注釋之下，僅採取一種解釋；而且在注文當中，避免直接引用注家之原文，以免形成注文尚須加以注解的毛病。

　　七、協助教師準備教材：於教科書之外，另編有教師手冊。手冊體例計分為原文、章旨、語譯、補注、闡發五項。原文及章旨與教科書完全相同。補注臚列重要注本的說解，並挑取異解而以案語辨析是否可通。闡發則擇要採錄各家說解對所選各章義理有所發明補充者。此外，於各冊之首，分別撰擬相關參考資料，如《論語》概述、《孟子》

概述、《大學》概述、《中庸》概述等。凡此皆期望能有助於教師準備教材。

　　八、尊重各校教學研究會：修訂本僅分類而不分課，各校教學研究會可配合各校實際情況，自行編定教學進度。又如有學校經教學研究會決議不採分類教學，則每冊之後附有所選各章原文（即索引），可改以此部分為教材。如此則六冊教完以後，不論採用或不採用分類教學，所選授的教材皆完全相同。

　　對於改編教本，一方面由於各方意見頗不一致，再方面則時間又過於匆促，本人雖黽勉以赴，難免仍有思慮未周，照顧不及之處。因此期盼各校教師及學生，於採用修訂本以後，如發現確有不妥不便者，能隨時提供高見，以便參考修正，庶使修訂本能益趨美善，而更切合實際教學的需要。

——原刊於《國立編譯館通訊》第二卷第一期，

一九八八年九月。

貳

《四書》教學在臺灣中小學的實施現況及檢討

—— 以教材為探討主題

一 前言

　　我國從漢朝將儒家思想定於一尊以後，代表孔子思想的《論語》即受到普遍的重視。到了唐代，經過韓愈的極力表彰，《孟子》的地位大幅提升，也逐漸產生影響力。南宋初年，朱熹又將《論語》、《孟子》及《禮記》中的〈大學〉、〈中庸〉兩篇文章，刊定為《四書》；而且元朝更將《四書》定為科舉必考的科目；《四書》乃對國人造成相當普遍而深入的影響。

　　臺灣地區在這種歷史背景下，把以《四書》為主的儒家思想，編入中小學的教材中。在國民小學中，有「生活與倫理」[1]及「社會」[2]課程；國民中學中，有「公民與道德」[3]課程；高級中學中，有必修課「公

---

1 「生活與倫理」課於小學一至六年級實施，一至三年級每週授課 120 分鐘，四至六年級每週 160 分鐘。課程內容依四維、八德及新生活運動綱要等項，分為孝順、友愛、禮節、勤學、合作、守法、勇敢、公德、愛國、信實、睦鄰、節儉、負責、知恥、寬恕、有恒、正義、和平等十八個德目編訂。

2 「社會」課於小學一至六年級實施，一、二年級每週授課 80 分鐘，三至六年級每週 120 分鐘。課程內容分學校與同學、家庭與鄰居、鄉土與習俗、資源與生活、社區與居民、社會的發展、臺灣與大陸、臺灣的建設、吾土與吾民、社會與文化、倫理民主與科學、中國與世界等十一單元編訂。

3 「公民與道德」課於一至三年級實施，每週授課兩小時。課程內容分完善的教育、和諧的社會、公正的法律、民主的政治、富裕的經濟、協和的文化等六單元編訂。

民」[4]，與選修課「國學概要」[5]、「中國文化史」[6]課程。但是以上這些課程雖然或多或少蘊含了儒家思想，並沒有直接運用《四書》的材料來編訂教科書。

　　由於在國民小學的國語課，以及國民中學、高級中學的國文課的教學目標中，都有培養學生倫理道德觀念、弘揚中華民族文化的規定，所以在這些課程中即將《四書》中的材料編為課文，而且分量逐漸加重。實施之後，必然會對學生造成某種程度的影響。

　　究竟目前在臺灣地區的中小學中，《四書》教材被選用的情形如何？以及採用《四書》教材來教學的成效又是如何？因為筆者參與了國民中學國文課本，以及高級中學《中國文化基本教材》課本的編輯，對整個情況比一般人了解，因此藉此機會，就這兩個問題作一介紹及檢討，以祈請大家提供意見，作為改進的參考。

二　《四書》被選錄為教材的情形

（一）國民小學部分

　　由於小學生尚未具備閱讀古文的能力，當然不能以《四書》的原文直接編為教材；而且考慮到中低年級的學生理解能力可能還不夠，因此國語課本採取將原文改寫為語體文的方式，選取與家庭生活相關的孝道主題，編在高年級的課程中。第十冊第十四課，題目為《孔子

4　「公民」課於一、二年級實施，每週授課兩小時。課程內容分心理與教育、道德與文化、法律與政治、經濟與社會等四單元編訂。

5　「國學概要」課為第二學年的選修課，每週授課兩小時。內容包括有經學略說、子學略說等。

6　「中國文化史」課程為第三學年的選修課，每週授課二至四小時。內容包含有先秦的重要學派、兩漢的經學、宋明理學等。

談孝》，全文如下：

　　孔子是春秋時代的魯國人，他有崇高的道德和淵博的學問，幾千年來，對於我國的政治思想和教育風氣，影響很大。後人公認他是聖人，尊稱他是「萬世師表」或「至聖先師」。

　　孔子最重視孝道。學生子游問他：「怎樣才算是孝呢？」他說：「如今所說的孝，只是能養活父母。可是人們也養狗養馬呢！如果做子女的，只求能養活父母，不能謹慎恭敬，那跟養狗養馬又有什麼分別呢？」這是說，侍奉父母不僅要奉養，而且態度要謹慎恭敬，才算是孝。

　　學生子夏問孔子：「怎樣才算是孝呢？」孔子說：「最難得的是：對待父母和顏悅色。假使僅僅做到有事的時候，先代他們去做；有酒飯的時候，請他們先吃；光是這樣，哪能算是孝呢？」這是說，侍奉父母要和顏悅色，否則也不算是孝。

　　魯國的大臣孟武伯問孔子：「怎樣才算是孝呢？」孔子說：「做父母的人，最擔憂的是子女生病。」這是說，做子女的，要保重自己的身體，以免父母擔憂，才算是孝。

　　魯國的大臣孟懿子問孔子：「怎樣才算是孝呢？」孔子說：「不要違背禮節。」替孔子駕車的學生樊遲不懂，就問：「這句話是什麼意思呢？」

　　孔子說：「父母在世的時候，侍奉他們要合乎禮節；父母去世的時候，埋葬他們要合乎禮節；父母去世以後，祭祀他們要合乎禮節。」這是說，侍奉父母要處處合乎禮節，才算是盡了孝道。

　　孔子回答他們的問題，對不同的人有不同的答覆，這種方法就叫做「因材施教」。

這篇課文是將《論語・為政》篇中的〈子游問孝章〉、〈子夏問孝章〉、〈孟武伯問孝章〉、〈孟懿子問孝章〉貫串而成，在前面簡要介紹孔子的成就及影響，而於最後綜合四章指明孔子能針對學生的不同情況因材施教。

（二）國民中學部分

因國中學生已略具閱讀淺近文言文的能力，同時《論語》、《孟子》基本上是孔子、孟子的言行錄，文字並不很深，義理也比較顯明，所以在國文課一至四冊的第十七課，就直接選取兩書的原文作為教材。

第一冊的題目為〈論語論學選〉，全文如下：

（一）

子曰：「學而不思則罔，思而不學則殆。」

（二）

子曰：「學如不及，猶恐失之。」

（三）

子曰：「譬如為山，未成一簣，止，吾止也。譬如平地，雖覆一簣，進，吾往也。」

（四）

子曰：「賜也，女以予為多學而識之者與？」對曰：「然，非與？」曰：「非也，予一以貫之。」

所選四則分別為《論語・為政》篇的〈子曰學而不思則罔章〉、《論語・泰伯》篇的〈子曰學如不及章〉、《論語・子罕》篇的〈子曰譬如為山章〉、《論語・衛靈公》篇的〈子曰賜也女以予為多學而識之者與章〉。

第二冊的題目為〈論語論孝選〉，全文如下：

（一）

子游問孝。子曰：「今之孝者，是謂能養。至於犬馬，皆能有養。不敬，何以別乎？」

（二）

子夏問孝。子曰：「色難！有事，弟子服其勞；有酒食，先生饌。曾是以為孝乎？」

（三）

孟懿子問孝。子曰：「無違。」樊遲御，子告之曰：「孟孫問孝於我，我對曰：『無違。』」樊遲曰：「何謂也？」子曰：「生，事之以禮；死，葬之以禮，祭之以禮。」

所選三則為國民小學課本第十冊第十四課〈孔子論孝〉中，除去〈孟武伯問孝〉外的其餘三章。

第三冊的題目為〈孟子選・齊人〉，全文如下：

齊人有一妻一妾而處室者，其良人出，則必饜酒肉而後反。其妻問所與飲食者，則盡富貴也。其妻告其妾曰：「良人出，則必饜酒肉而後反。問其與飲食者，盡富貴也，而未嘗有顯者來。吾將瞷良人之所之也。」

蚤起，施從良人之所之。遍國中無與立談者。卒之東郭墦閒之祭者，乞其餘；不足，又顧而之他。此其為饜足之道也。

其妻歸，告其妾曰：「良人者，所仰望而終身也。今若此！」與其妾訕其良人，而相泣於中庭。而良人未之知也，施施從外來，驕其妻妾。

由君子觀之，則人之所以求富貴利達者，其妻妾不羞也，而不相泣者，幾希矣！

所選僅一則，為《孟子・離婁下》篇的〈齊人有一妻一妾而處室者章〉。

第四冊的題目為〈生於憂患死於安樂〉，全文如下：

> 孟子曰：「舜發於畎畝之中，傅說舉於版築之間，膠鬲舉於魚鹽之中，管夷吾舉於士，孫叔敖舉於海，百里奚舉於市。故天將降大任於是人也，必先苦其心志，勞其筋骨，餓其體膚，空乏其身，行拂亂其所為：所以動心忍性，曾益其所不能。
>
> 人恒過，然後能改；困於心，衡於慮，而後作；徵於色，發於聲，而後喻。入則無法家拂士，出則無敵國外患者，國恒亡。然後知生於憂患，而死於安樂也。」

所選也只有一則，為《孟子・告子下》篇的〈孟子曰舜發於畎畝之中章〉。

國民中學國文課本每冊二十課（第六冊為十八課），以上四冊，每冊皆有一課取材自《論語》、《孟子》，共選錄《論語》七章、《孟子》兩章[7]。

（三）高級中學部分

高級中學國文課，除國文課本以外，另編有《中國文化基本教材》課本。第一、二學年國文教學時數為每週五小時，第三學年為每週六小時，中國文化基本教材各佔一小時。

《中國文化基本教材》課本第一至三冊，從《論語》選材，採取依據義理而分類編輯方式。第一冊分孔子之為人（選二十九章）、論

7　目前國民中學國文課本中，除此四課外，另有《我們的校訓》、《孔子的人格》、《恢復中國固有道德》、《弘揚孔孟學說與復興中華文化》、《孝經選》等課，皆與儒家思想有關。

學（選二十六章）、論仁（選二十章）三類。第二冊分論孝（選八章）、論道德修養（選三十六章）、論士（選五章）、論君子（選三十六章）四類。第三冊分論《詩》《禮》樂（選十章）、論教育（選十一章）、論政治（選二十六章）、論古今人物（選十一章）、孔門弟子（選十五章）五類。總計《論語》部分，共分十二類，選錄二百三十三章。

如依《論語》二十篇各篇計算，〈學而第一〉凡十六章，錄十三章；〈為政第二〉凡二十四章，錄十六章；〈八佾第三〉凡二十六章，錄四章；〈里仁第四〉凡二十六章，錄二十一章；〈公冶長第五〉凡二十七章，錄十三章。〈雍也第六〉凡二十八章，錄十二章；〈述而第七〉凡三十七章，錄二十五章；〈泰伯第八〉凡二十一章，錄十一章；〈子罕第九〉凡三十章，錄十五章；〈鄉黨第十〉凡十八章，錄二章；〈先進第十一〉凡二十五章，錄六章。〈顏淵第十二〉凡二十四章，錄十四章；〈子路第十三〉凡三十章，錄十八章；〈憲問第十四〉凡四十七章，錄十一章。〈衛靈公第十五〉凡四十一章，錄二十一章；〈季氏第十六〉凡十四章，錄四章；〈陽貨第十七〉凡二十六章，錄十章；〈微子第十八〉凡十一章，錄三章；〈子張第十九〉凡二十五章，錄十二章；〈堯曰第二十〉凡三章，錄一章。總計《論語》全書二十篇共四百九十九章，選錄二百三十三章，占二分之一弱。

第四、五兩冊，從《孟子》選材，也是依據義理以分類編輯。第四冊分孟子之抱負（選三章）、道性善（選九章）、辨義利（選三章）、論涵養（選十四章）四類。第五冊分論教學（選十二章）、論治道（選十一章）、論古人（選五章）三類。總計《孟子》部分，共分七類，選錄五十七章。

如依《孟子》七篇各篇計算，〈梁惠王〉篇凡二十三章，錄七章；〈公孫丑〉篇凡二十三章，錄六章；〈滕文公〉篇凡十五章，錄四章；〈離婁〉篇五十八章，錄十二章；〈萬章〉篇凡十八章，錄二章；〈告子〉

篇凡三十六章，錄十章；〈盡心〉篇凡八十四章，錄十六章。總計《孟子》全書七篇共二百十六章，選錄五十七章，占五分之一強。

　　第六冊從《大學》、《中庸》取材，因受原始材料限制，難以分類編輯，所以整冊只分《大學選》（選四章）、《中庸選》（選四章）兩部分。《大學選》部分，選錄經一章，傳之七章、八章、九章。總計《大學》含經一章，傳十章，所選佔三分之一強。《中庸選》部分，選錄第一章、第十三章、第二十章、第二十五章。總計《中庸》共三十三章，所選佔八分之一弱。

三　檢討

　　從以上的介紹說明當中，可以發現《四書》被選錄為教材的情形，大抵可劃分為兩個階段：國民小學、國民中學階段，與高級中學階段。在前一階段中，所選分量有限，而且被編列在國語、國文課本中，當作其中的一課來教學，也沒有專屬的教學時間。到了後一階段，分量則顯著增加，並且單獨編成課本，還有每週一小時的專屬時間。

　　在國民小學部分，將《論語》原文改寫成語體文，所選材料內容也在小學生可以理解的範圍之內，所以接受容易，一般的反應相當不錯。有些教師甚至還建議可以酌情增加選用分量，另外編成一課，也對孟子作介紹。

　　國民中學部分，雖然直接選錄原文，但選材自《論語》的兩課，一課的內容與國民小學課本的內容大同小異，另外一課的內容並不難理解。選材自《孟子》的兩課，則都具有故事性，可引發學生的學習興趣。因此學生也普遍能夠接受，教學效果良好。

　　到了高級中學，因為材料大幅增多，內容也加深，對於材料的選

取與編排，遂不免產生若干的爭議。在選材方面，爭議有二：一為《大學》、《中庸》的內容，或比較艱深難懂，或與現代的背景有出入，是否應該選錄，值得商榷[8]。二為不論《論語》、《孟子》，或《大學》、《中庸》，哪些章該選，哪些章不該選，有見仁見智不同的看法。舉例而言，《孟子》的〈養氣知言章〉，由於考慮到學生可能無法理解掌握，所以目前並未選用。有些人認為作法妥當；有些人則認為此章很重要，不應該不選錄。在編排方面，《論語》、《孟子》採分類編輯方式，有些人贊同，有些人則以為應該按照原典排列次序編纂。[9]

　　除了上述的這些爭議以外，在實際教學時，也遭遇到若干困難。首為師資方面，因為目前的高級中學國文教師，大都出身於各師範大學的國文系所，和各綜合大學的中文系所，而這些大學的作法並不一致，有的將《四書》列為必修課，有的則僅列為選修課；也就是說，並非所有的高級中學國文教師都對《四書》的義理能明確掌握；以致在教學時，到底能收到多少成效，難免就會因教師的素質不同而造成差異。

　　其次在教法方面，《四書》教學的重點，本在深切體會其義理，並在日常生活中躬行實踐，以培養美好的德性。可是就實際情形而言，由於受到升學競爭的影響，所以不論教師施教，或學生學習，都有偏重字義了解的傾向，成為一種知性教育。學生是否能於學習以後，將其中的道理在行為舉止上充分表現出來，確實頗有問題。

　　儘管有上述師資不整齊，以及教學未必能把握重點的困難，不過總的來說，學生於接受《四書》教學以後，對於原典中的字義，大抵

8　一九八三年以前的中國文化基本教材課本，並未選錄《大學》、《中庸》的材料。迨一九八三年現行高級中學課程標準公布後，才依規定選錄。

9　為顧及這種意見，現行中國文化基本教材課本，將所選錄各章，依照原典排列次序，分別編為索引，安置於各冊之後，作為參考。

能夠了解。原典中的一些名句，如「己所不欲，勿施於人。」「工欲善其事，必先利其器。」「天時不如地利，地利不如人和。」「魚與熊掌，不可得兼。」……等都能朗朗上口，並在作文中運用出來。也就是說，站在語文教育的立場，已收到某種程度的效果。

如就選錄《四書》的教材，以培養學生倫理道德觀念，弘揚中華民族文化的教學目標而言，雖然還不夠理想，但至少通過教學，學生大都已能知道中華民族文化具備有哪些倫理道德；所欠缺者，則是未必都能在日常生活中實際踐履。這是大家所深以為憾，而亟思突破改善者。

整體而言，目前在臺灣中小學所實施的《四書》教學，雖然尚不能盡如人意，但是大家還是持肯定的態度。爭議固然難免，也存在一些困難，不過並沒有人倡言廢除。則今後應如何在教材、教法上求改進，以期收到更好的教學效果，是大家必須集思廣益，黽勉以赴的。

——原刊於中國孔子基金會編，齊魯書社出版《海峽兩岸學者首次儒學對話》，一九九三年十二月，第一版。

參
《中國文化基本教材》相關問題之探討

依現行高級中學國文課程標準目標項下第參條規定：

> 教導學生研讀《中國文化基本教材》，培養其倫理道德之觀念，
> 愛國淑世之精神。[1]

又時間支配項下規定：

> 第一、二學年每週授課五小時，……作文及《中國文化基本教
> 材》各占五分之一。第三學年每週授課六小時，……作文及《中
> 國文化基本教材》各占六分之一。[2]

又實施方法項下教學要點第一條規定：

> 國文教材以範文及《中國文化基本教材》為主，以課外讀物為輔。[3]

從以上這些規定，可以看出中國文化基本教材的教學目標，乃在於培
養學生倫理道德觀念、愛國淑世精神；教學時，有每學年每週一小時
的專屬時間；而且與國文課本同為國文教學的主要教材之一。雖然為

1　見《高級中學課程標準》（臺北市：正中書局，1984 年 1 月初版），頁 27。
2　《高級中學課程標準》，頁 27。
3　《高級中學課程標準》，頁 35。

附屬於國文課程的一部分，但不論就教材分量或教學時間而言，已凌
駕部分單獨開設的課程之上。[4] 其地位可謂相當重要，不容我們加以
忽略。本文即嘗試從對現況的介紹中，檢討其得失，並提出改進之
道，期能對中國文化基本教材的教學成效有所助益。看法是否得當，
尚祈方家不吝指教。

一　現況

（一）教材方面

依高級中學國文課程標準教材內容項下規定：

《中國文化基本教材》之內容，選授《論語》、《孟子》及《大學》、
《中庸》。[5]

又：

教材之編選，應依據其義理，採用分類編輯。[6]

故現行課本第一至三冊，自《論語》選材；四、五兩冊，自《孟子》
選材；第六冊，自《大學》、《中庸》選材。皆依據所選材料之義理，
加以分類而編輯。

論語部分，第一冊分孔子之為人（選二十九章）、論學（選

4　如與三民主義課相比較，中國文化基本教材課本六冊，三民主義僅上下兩冊；授課時間，
　　以一年為基準計算，中國文化基本教材每週三小時，三民主義每週兩小時。
5　《高級中學課程標準》，頁35。
6　《高級中學課程標準》，頁35。

二十六章）、論仁（選二十章）三類。第二冊分論孝（選八章）、論道
德修養（選三十六章）、論士（選五章）、論君子（選三十六章）四類。
第三冊分論《詩》《禮》樂（選十章）、論教育（選十一章）、論政治（選
二十六章）、論古今人物（選十一章）、孔門弟子（選十五章）五類。

　　總計一至三冊，共分十二類，選錄二百三十三章，佔《論語》全
書四百九十九章之二分之一弱。

　　《孟子》部分，第四冊分孟子之抱負（選三章）、道性善（選九
章）、辨義利（選三章）、論涵養（選十四章）四類。第五冊分論教學
（選十二章）、論治道（選十一章）、尚論古人（選五章）三類。

　　總計四、五兩冊，共分七類，選錄五十七章，佔《孟子》全書
二百十六章之五分之一強。

　　《大學》部分，選錄經一章，傳之七章、八章、九章，共四章。
總計《大學》含經一章，傳十章；所選佔三分之一強。

　　《中庸》部分，選錄第一章、第十三章、第二十章、第二十五章，
共四章。總計《中庸》三十三章；所選佔八分之一弱。

　　六冊的編輯體例，每類下所選各章，各分為原文、注釋、章旨三
個項目。合若干性質相近之章，在最後一章的章旨之後，再總括此若
干章的大旨。課本中的注釋，以朱熹《四書集注》之說為主，如有異
解而其義理亦可通者，則編入教師手冊，供教師參考。章旨也力求簡
要，盡量避免摻入編者的意見，也讓教師於教學時有較大的發揮空間。

（二）教法方面

　　依高級中學國文課程標準實施方法項下規定：

　　　　《中國文化基本教材》以闡明義理，躬行實踐為主。講讀時，
　　　　宜配合日常生活，盡量發揮義蘊，使透徹領悟，而於動靜語默

之間，陶鎔高尚情操，培養健全人格。[7]

規定雖然如此，但在實施時，難免遭遇若干困難，一則教師講解時是否能充分闡明義理，頗有疑問；再則學生於學習之後是否能躬行實踐，亦難考核；因此對「陶鎔高尚情操，培養健全人格」目標的達成，勢必會大打折扣。

　　儘管各個教師所採用的教法並不完全相同，若依筆者觀察所得，大多數皆採教師講、學生聽的教學方式，而在講解時，也有偏重於解釋字詞意義的傾向，成為一種知性的教育。

二　檢討

（一）教材方面

　　現行教科書的選材範圍，依課程標準的規定，包括《論語》、《孟子》及《大學》、《中庸》。但是《大學》寫定的時代與現代的背景已有相當大的差異，而且其中所論述的三綱八目，有其嚴整的體系，是否宜於刪選，需再斟酌。《中庸》的義理頗覺抽象艱深，學生能否理解接受，也有待商榷。[8]

　　教材的編排，目前課本也按課程標準的規定，依據其義理，採取分類方式編輯。此種作法，有人認為妥當，有人則認為應該按照原典排列次序編纂。[9]到底應該採取何種方式為宜，有必要取得共識。

---

7 《高級中學課程標準》，頁 35。

8 民國七十二年以前的《中國文化基本教材》，雖經多次改編，但都未選錄《大學》、《中庸》。迨民國七十二年現行高級中學課程標準公布以後，才依規定選錄。

9 為顧及持此意見者，現行教科書將所選錄各章，按照原典排列次序，分別編為索引，安置

另外在編輯體例方面，現行教科書是將所選各章分為原文、注釋、章旨三個項目，是否有必要增加，似乎也值得考慮。

（二）師資方面

目前高級中學的國文教師，有的出身於各師範大學的國文系所，有的出身於各綜合大學的中文系所，有的則非本科系出身者。背景不同，所受有關《四書》教育的情形極為紛歧，有些人修過《四書》的全部，有些人修過《四書》的部分，有些人則完全沒有修過。也就是說，並非所有的高級中學國文教師對《四書》的義理，都能夠充分掌握。以致在教學時，所收成效的多少，就會由於教師素養的不同，而造成差異。

（三）教法方面

《四書》教學的重點，本在闡明義理，使學生於深切體會以後，在日常生活中躬行實踐，以陶鎔高尚的情操，培養健全的人格。可是就實際情形而言，如「現況」中所述，目前不論教師施教，或學生學習，都有偏重字義了解的傾向，成為一種知性的教育。大多數的教師皆採取教師講、學生聽的教學方式。為補偏救弊，確實有必要在教法及教學重點上求改進。

（四）大學入學考試方面

考試領導教學，此為不爭的事實。近一、兩年大學入學考試的國文試題，出自《中國文化基本教材》者，只有一至二題，所佔分數為

於各冊之後，作為參考。

二至四分。努力研讀六冊教科書，所得分數卻如此之少，對於教師的教學，及學生的學習，必然會造成極為不利的影響。

三　改進意見

　　針對「檢討」所作的分析，筆者認為如果能朝以下各方向努力求改善，應該可以大有助於教學效果的提升：

1. 課程標準為編訂教科書的依據，因此規定的適切與否，關繫頗大。現行課程標準規定「《中國文化基本教材》之內容，選授《論語》、《孟子》及《大學》、《中庸》。」《論語》、《孟子》基本上可說是孔子、孟子的言行錄，內容比較具體切實而易於掌握。《大學》、《中庸》則難以割裂或理解，是否應該選取作為教材，頗有疑問。因此課程標準有必要作修訂，將《大學》、《中庸》剔除於選材範圍之外。[10]

2. 教材的安排，仍宜採用依據義理分類編輯方式，如此學生於學習以後，比較可以得到較有系統之認識。筆者在編輯現行教科書之前，曾多方面徵詢意見，大多數認為如分類得當，應該比原典排列次序之各章義理不相連屬為佳。[11]

3. 教科書的編輯體例，在目前所選各章分原文、注釋、章旨三個項目以外，應該於每類之後，設計若干問題與討論的題目。使學生於學習課文以後，能再進一步的思索探討，而有助於較深入的了

---

10 至於有些人主張選材範圍除《四書》外，應再包含《老子》、《莊子》，以至其他諸子百家之著作，實未考慮到這些著作的原文是否容易被學生理解接受。筆者認為並不適宜。

11 有些人主張在高中階段仍依原典次序排列，到大學時再分類講授。作此建議的人已嚴重忽略了到大學時，除了國文系、中文系以外，已鮮少有科系開設《四書》課程了。

解。此外，也可藉助師生或同學間的討論，改變目前較刻板的教學方式，使課堂氣氛趨於活潑。[12]

4. 目前高級中學國文教師報名參加各師範大學開設的碩士學分進修班，極為踴躍；筆者以為開設的課程應有別於一般的碩士班，盡量與實際教學需要相結合，尤其宜將《四書》研究列為必修課程。此外，省市教育廳局也應推展教師在職進修計畫，鼓勵教師經常參加短期的《四書》講習班。期使所有的高級中學國文教師對《四書》的義理，有相當程度的體會，以利教學時作適切的闡發，而對學生有所啟示。

5. 教學時，應改變目前普遍採行的演講式教學法，將來或可配合教科書增列問題與討論項目，鼓勵學生踴躍參與討論。在現在的情形下，教師可自行設計題目，讓學生討論或發表感想。講課時，也宜盡量配合實例說明，以避免說教意味過重，而減低學生學習的興致。

6. 教學的重點，不應該只限於字詞的解釋，而宜著重義理的發揮，盡量引導學生往德性方向思考，且鼓勵他們將所學得的義理在日常生活中具體實踐。當然，要這樣做，在目前社會功利風氣熾盛的情況下，確實比較困難，但卻不能不朝此方向努力。

7. 大學入學考試的國文試題，應適度增加《中國文化基本教材》的出題比例，使學生在有利的誘因之下，重視此科目的研習。惟目

---

12 筆者於民國七十七年三月底，在各界對舊版教科書的普遍不滿聲浪下，應聘為編審委員兼編輯小組成員，負責改編事宜。依國立編譯館原訂計畫，新教材將於七十八學年度推出使用，但筆者以為舊教材缺失甚多，應及時改正，乃自動表示願意竭盡所能，提前一年推出使用。於四月中旬先規畫《論語》三冊，經編審委員會討論通過，在五月底交出教科書草稿，六月底交出教師手冊草稿。當時由於時間匆促，並未想到設計問題與討論題目，迨編至第二冊時，始考慮到這個問題，但因牽涉到整體規畫，已難中途改變。將來改編時，筆者建議主持其事者將此點列入優先考慮。

前國文試題扣除作文所佔分數，所剩也並不多，何況國文教科書中可供出題的內容也不少，如增重《中國文化基本教材》的分量，勢必要減少國文教科書的分量。因此就長遠而言，大學入學試務中心應依據課程標準所訂各科研習時數，將各科的配分比例，作合理的調整。[13]

四　結語

《中國文化基本教材》的教學，在臺灣已實施了幾十年，對於應該如何實施，儘管所有爭議；而在實施過程中，也難免遭遇困難。但總的來說，仍有其一定的成效，就培養學生倫理道德之觀念、愛國淑世之精神的教學目標而言，[14]雖然還不夠理想，但是至少透過教學，學生大都已知道中國傳統文化中具備有哪些倫理道德，值得我們去認取遵循；所欠缺的，則是未必都能夠切實踐履。這是大家所深以為憾，而亟思突破改善者。

此外，學生在研讀《中國文化基本教材》以後，對於原典中的字義，大抵也都能夠了解。原典中的一些名句，如「學而時習之，不亦說乎？」「己所不欲，勿施於人。」「工欲善其事，必先利其器」；「天時不如地利，地利不如人和。」「魚與熊掌，不可兼得。」「窮則獨善其身，達則兼善天下。」……等等，都能朗朗上口，並在作文中運用出來。如站在語文教育的立場來衡量，確實已收到相當程度的效果。

整體而言，《中國文化基本教材》的教學，雖然尚不能盡如人意，

---

13 筆者對此問題曾撰文發表看法，請參見〈請重新檢討大學入學考各科配分比例〉，《孔孟月刊》第 30 卷第 6 期論壇。

14 《高級中學課程標準》，頁 27。

爭議固然難免，也存在若干困難，不過並沒有人倡言廢除，可見大家對此還是持肯定的態度。

去年十月初，筆者應邀赴山東曲阜，參加在孔府內召開的「海峽兩岸首次儒學學術討論會」，以「《四書》教學在臺灣中小學的實施現況及檢討」為題發表報告，與會的幾十位大陸學者都很感興趣，對臺灣的此種作法甚表贊佩，並且期望在大陸地區也能同樣實施，而紛紛向筆者索取相關參考資料。也可見作為一個中國人，必須研讀《中國文化基本教材》，乃是大家一致的心聲。

《中國文化基本教材》既然受到大家如此的肯定與重視，則今後應如何在相關各方面求改進，以期收到更好的教學效果，不負眾人的期望，是我們必須集思廣益，黽勉以赴的。

——原刊於國立臺灣師範大學國文系、中輔會主編之

《第一屆臺灣地區國語文教學學術研討會論文集》，

一九九二年六月。

肆
〈檀弓選〉中若干問題的商榷
—— 敬答林義烈、林國鐘兩位先生

　　《國文天地》第十二卷第四期（總一三六期，民國八十五年九月一日出刊）登載了兩篇探討新版高級中學國文課本第一冊第六課〈檀弓選〉中一些問題的文章，一篇是林義烈先生的〈「晉獻」與「發焉」〉，一篇是林國鐘先生的〈〈檀弓選〉中「雖」「發」兩字注釋的探討〉。這兩篇文章不約而同的針對課本中的注釋與題解，提出了一些疑問。由於這一課是由本人所編寫的，為了表示負責，並避免造成不必要的誤解，謹撰寫此文以為回應。

　　回想本人在編寫此課時，確實遭遇到若干的困難，其中最費斟酌的包括有「使之雖病也，任之雖重也」句中的「雖」字、「晉獻文子成室」句中的「獻」字、「晉大夫發焉」句中的「發」字……等。一三六期所登載的兩篇文章分別對以上所述的三個字提出質疑，足見已經發現了問題的所在，令人感到非常佩服。不過本人在處理這些問題時，為求審慎，曾參考了許多資料，並再三思考，因此所作的解說絕非憑空議論，而是有所依據的。以下即按照課文中出現的先後順序，將這三個字的處理情形說明如後：

　　第一是「使之雖病也，任之雖重也」一句，在此句中「之」、「雖」兩字都很不好解釋。對於「之」字，鄭玄注不作解說，孔穎達疏則似乎是解作「人民」，但語意並不是很清楚。對於「雖」字，鄭注、孔疏俱無注解。後代學者，吳昌瑩《經詞衍釋》說：「之，猶則也；雖，惟也。言使則惟煩也，任則惟重也。」將「之」解作「則」，作連詞用。

將「雖」解作「惟」,作助詞用。林國鐘先生之說當本於此,依林先生之意,則整句的翻譯為「國家平日役使百姓,徭役繁多,使人民感到疲累,賦稅苛雜,使人民感到負擔沉重。」如果將此句孤立來看,固然是文從字順,但如結合下句「君子不能為謀也,士弗能死也,不可。」則語意就不夠圓融了。王力先生《古代漢語》可能就是基於此故,而說:「使,指徭役。之,代詞,指民。下句同,使動用法。」將「之」作為代名詞,指人民。王夢鷗先生《大小戴記選注》則作了較詳細的解釋:「國家以徭役使民,雖至病困,以賦稅取民,雖至繁重,然在上者能善為圖謀而士人能捨身為國,猶則可也。今魯國之公卿大夫,既不能謀,又不能死,徒困累人民,甚不可也。」仍然是以「之」為代名詞,並將「雖」解作「雖然」,而且還照顧到下句的語意。最初由於考慮到兩解都可通,所以在八十三年版的課本注釋中,並未將「雖」字的意思注出來,只在教師手冊裡將兩解並列,以供教師參考。後來接到一些教師的反應,希望能在課本中加以確定。斟酌兩種說法,顯然是兩位王先生的意見比較可取,所以才在八十四年版中對「雖」字補充注釋為「雖,雖然、即使。」如此將上下兩句結合起來,可以翻譯為「國家平日役使百姓,雖然徭役繁多,使人民感到疲累;雖然賦稅苛雜,使人民感到負擔沉重。可是在位者卻不能籌謀禦敵保民之道,士也不能為國犧牲效命。這是不可以的。」豈不是更加的文從字順了?

　　第二是「晉獻文子成室」中的「獻」字,誠如林義烈先生所言,鄭注、孔疏皆解作「慶賀」之意,而陳澔《禮記集說》、孫希旦《禮記集解》則以為「獻」與「文」都是趙武的諡號。究竟哪一種說法才是正確的?由於文獻無徵,難以判定,因此也是將兩說並列於教師手冊中作參考。可是考慮到這是一個關鍵字,最好能在注釋中擇取一說,所以將「獻」解作諡號。何以會作這樣的決定?這是因為陳澔的

懷疑:「晉獻，舊說晉君獻之，謂賀也。然君有賜於臣，豈得言獻？」頗合乎情理之故。林義烈先生雖然認為基本上這個觀點不錯，但卻改從另外的角度思考，不贊同「獻」為諡號之說，因而提出了五個疑點。

第一點謂為何在一篇短文中，對同一個人的稱呼，卻採用兩種相異的形式？第三點稱與趙武同時期還有沒有其他人，也同時擁有兩個諡號，並且也有被單稱其中一個諡號，或單、並稱同時混用的例子？其實陳澔已舉了衛國大夫姬拔（或作發）「貞惠文子」作說明，一個人即同時擁有「貞」、「惠」、「文」三個諡號。而在《禮記・檀弓》中有一則關於他的記載，一開始稱姬拔為「公叔文子」，接著在說明其得諡原因以後，又改稱「貞惠文子」（請注意「文」也是諡號）。第二點說如果「獻」、「文」都是趙武的諡號，是否也出現於他處，據本人所知，確實並未見於他處，但這點並不足以作為反對的理由。第四、五點指出如果兩個字都是諡號，為何時代較早的鄭玄、孔穎達都未覺察，而要由時代較晚的陳澔、孫希旦才來懷疑？並由此質疑教科書的編者為何捨漢、唐觀點而採元、清之說？言下之意，似乎是前人之說已備，後人所疑皆不可取。殊不知在學術上的觀點固然有後不如前的情形，但也有後出轉精、邁越前人之處。如漢、唐諸儒皆以為孔子作〈十翼〉，如果不是經過從宋到清許多學者的懷疑考訂，豈能得到如今已在學術上被公認的〈十翼〉非孔子作之定論？

此外，林義烈先生第五點還引了《中文大辭典》「禮記」條下之說：「元・陳澔《禮記集說》，明代列於學官，但其說甚陋。」作為佐證，不免有誤導讀者的嫌疑。《禮記集說》固然有其缺點，而所謂「其說甚陋」並非全書皆然，否則也不會在明代被列於學官了。要評價此書，可能還是要以《四庫全書總目》提要的得失並呈比較平允（文字甚長，此不具引，讀者可以自按）。更何況今人一般介紹《禮記》的著作，如周何先生的〈禮記導讀〉（在三民書局《國學導讀（二）》中）、

羅宗濤先生的〈禮記述要〉（在黎明文化事業公司《群經述要》中）……
都將《禮記集說》列於重要參考書目中，可見此書並非沒有參考價值。
至於孫希旦的《禮記集解》，評價更高，也一向被研究《禮記》的學
者所共同重視，怎可一概加以抹殺？

　　林義烈先生認為「獻」不是諡號，而係「慶賀」之意，最難能可
貴的是除了依據鄭注、孔疏以外，又引用《史記・趙世家》的記載，
就趙武在當時晉國的權勢之盛，作了非常詳細委曲的說明。這種說
法，在那個禮義衰廢的時代，確屬有其可能。可惜，我們只能作推
測，卻無法證實。而且果真如此的話，那麼記載〈檀弓〉此則故事的
人，也未免繞了太大的彎子，而顯得過於深文周納了吧！

　　第三是「晉大夫發焉」中的「發」字，鄭注解作「發禮以往」，
孔疏則釋為「發禮也」，應該是掌握到了文中之意，不過如果在課本
的注釋直接引用，語意並非十分詳明，學生恐怕無法充分掌握。遍查
辭書，如林義烈先生所云，解作「致送」（又可引申有「前往」之意），
或如林國鐘先生所謂，解作「前往」，都有訓詁上的依據。此外，本
人又查得周何先生在其《儒家的理想國 ── 禮記》中，解作「發起
祝賀」，在字義上也講得通。由於原文太簡略，所以解者可以就自己
所體會到的，作不完全相同的詮釋，而使其意涵更加完備。有鑒於
此，乃在課本的注釋中將以上所提到的三層意思全部納入，而解作
「指有人發起而共同備禮前往祝賀」。又考慮到「發」字的意涵很豐富，
因此特地在整個注語的開頭列了一個「指」字，表示「發」字並非完
全等同於「發起」或「致送」或「前往」。這樣的處理方式是否恰當，
當然還有斟酌的餘地，但確實是考慮再三才作了決定。

　　除了以上三個字的字義以外，林義烈先生又引發了一些疑問，也
一併說明如下：

　　一是課本的題解說這則故事「記載張老在讚美趙武新居的高大華

麗時，提醒趙武應該惜福，以免遭人嫉害。趙武聽了以後，不僅感激
張老的善意規勸，更表示今後會謙抑謹慎，以答謝朋友的關懷。」林
先生認為其中的善意之說值得懷疑，朋友的稱呼也令人感到意外。林
先生主要是根據張老所說：「美哉輪焉，美哉奐焉。歌於斯，哭於
斯，聚國族於斯。」摘取了「哭於斯」一句，認為「劈頭說人家的新
房子，合適用於治喪、哭泣，在人家辦喜事的當口，那不是大大的觸
人霉頭嗎？」並以此判定張老其實是「不懷好意」。表面上看起來似
乎合理，但極可能是誤解。這是因為我們中國人對死亡的態度一向就
十分微妙，有時候是非常避諱，在談話或作文時，都盡量避免提到
「死」字，甚至連與「死」諧音的字眼都要想辦法迴避。可是有時候
則顯得非常豁達，因此從古至今都有不少人在未死之前就營建生壙，
或預先交代後事，甚至於還有人自撰墓誌銘，或作自輓詩。所以不就
張老所說的全部話語，而僅摘取其中一句，且該句又未必能證明某種
觀點，就下了張老是「不懷好意」的結論，是頗有待斟酌的。對於趙
武營建新居，張老勸諫之事，《國語‧晉語八》也有一則相關的記載。
如以之作為旁證，則張老的勸諫乃是出於善意，應該是不容置疑的。
茲錄之於後，以供參考：

> 趙文子為室，斲其椽而礱之。張老夕焉而見之，不謁而歸。文
> 子聞之，駕而往，曰：「吾不善，子亦告我，何其速也？」對
> 曰：「天子之室斲其椽而礱之，加密石焉；諸侯礱之，大夫斲
> 之，士首之。備其物，義也；從其等，禮也。今子貴而忘義，
> 富而忘禮，吾懼不免，何敢以告？」文子歸，令之勿礱也。匠
> 人請皆斲之，文子曰：「止，為後世之見之也。其斲者，仁者
> 之為也；其礱石者，不仁者之為也。」

　　至於「朋友」的用詞，嚴格說起來，當然不如作「同僚」或「同事」來得貼切。不過我們另有考慮（見下段），而且張老與趙武雖然是同事關係，但如採取比較寬泛的理解，說他們是「朋友」，應該也並無不妥吧！

　　這則故事既然被選用為教材，編者在作解說時，當然必須顧慮到教育的意義。如果將張老的話理解為「不懷好意」，一方面是不符實情，另方面更不宜作為教導學生之用。同樣的，採取「朋友」一詞，而不改用「同僚」或「同事」，也是基於比較切合學生之間，既屬「同學」，也可以說是「朋友」的考慮，期望他們在讀了這則故事以後，能夠互相規勸、互相關懷。類此作法，站在教育工作者的立場，是有我們的一番特別用心在的。

　　當然，這必定會牽涉到林先生所提的第二個問題，因為同事之間如果年齡相近，彼此可以朋友相待；但是假若兩人年齡差距很大，恐怕就不適宜以朋友來看待了。所以林先生可能基於這種考慮，才認定課本注釋〇四所說：「張老，姓張，名老。晉國大夫。」是不正確的，並猜測道：「而所謂張『老』者，可能是一個年紀比較大、資歷比較深，或者可稱之為德高望重的『老臣』、『耆宿』、『長者』之類。」又說：「我絕不相信有小孩一出生，就給他取一個『老』名的父母。」這顯然是望文生義，憑空臆測，也連帶著使林先生在此之前的論斷出現問題。按為課文作注釋，豈能率意為之，如果沒有根據也就不敢如此注解了。依方炫琛先生《左傳人物名號研究》：「《國語‧晉語》八『張老曰：「老也⋯⋯」』自稱老，則老為其名也。」可見張老的確是姓張，名老。又據《左傳》記載，張老於魯成公十八年（西元前五七三年），被晉悼公任命為候奄（主斥候之官），至魯襄公三年，改任中軍司馬，直到魯襄公十六年（西元前五五七年），晉平公即位，才由張老的兒子張君臣代替他出任中軍司馬。如果張老是個老頭子，怎麼可能長期

（前後十七年）擔任軍中的指揮官？此又可以作為旁證也。由是可見，張老與趙武的年齡應該不至於太過懸殊，則謂其兼具有「同僚」與「朋友」之誼，似乎並無不妥。

《國文天地》多年以來，登載了許多篇有關討論中學國文課本的文章，對於提供教師資訊、提升教學效果，助益甚大。但其中有極少數的一兩篇文章，實在令人啼笑皆非，譬如曾有一篇文章談論到謝冰瑩女士的〈蘆溝橋的獅子〉，作者連謝女士的文章都沒讀通，就憑空亂發議論，根本就不值得識者一笑，本人也就懶得作答覆了。不過此次所刊有關〈檀弓選〉的兩篇文章，持論大抵有據，也能從另外的角度思考問題，且其文甚辯（尤其是林義烈先生之作），可謂是很難得的諍友，只不過有些論點可能還有待商榷，也未必了解編者的用心，惟恐造成其他教師不必要的誤解，成為教學上的困擾，因此不憚其煩的敬謹說明如上，以就教於兩位林先生，並請關心中學国文教學的同道之士不吝指正。

——原刊於《國文天地》第十二卷第六期，
一九九六年十一月。

伍
新頒高級中學國文課程標準的內涵與特色

一　前言

　　高級中學國文課程標準於民國八十四年十月由教育部修訂發布，原定「由國立編譯館負責編輯」教科用書，並「自八十七學年度起由一年級逐年試用修訂實施。」後來由於政策改變，現已決定由各書局編輯，再送請國立編譯館審定，並延自八十八學年度起由一年級逐年修訂實施。

　　面對這樣的大轉變，大家當然會十分關切：究竟新頒國文課程標準的內涵為何？具有哪些特色？教科用書開放由各書局編輯後應該怎樣去因應？以下即針對這些問題略作解說，以作為大家的參考。

二　由新舊課程標準的比較看新課程標準的內涵

　　為了讓大家明白新課程標準的規定與過去究竟有什麼不同？試採取新舊比較的方式，分為目標、時間分配、教材綱要、實施方法等四個主要的方面加以介紹：

（一）目標方面

1　舊課程標準在目標方面原有六條

（1）指導學生研讀語體文，提高其閱讀及寫作語體文之能力。

（2）指導學生精讀文言文，培養其閱讀淺近古籍之興趣及寫作明易文言文之能力。

（3）教導學生研讀中國文化基本教材，培養其倫理道德之觀念，愛國淑世之精神。

（4）輔導學生閱讀純正優美之文藝作品，增進其文藝欣賞與創作之能力。

（5）輔導學生閱讀有關思想及勵志之課外讀物，培養其思考判斷之能力與恢宏堅忍之意志。

（6）輔導學生臨摹楷書及行書等碑帖，增進其鑑賞及書寫之能力。

2　新課程標準則改為五條

（1）提高閱讀、欣賞及寫作語體文之能力。

（2）培養閱讀文言文及淺近古籍之興趣，增進吸收優美傳統文化之能力。

（3）研讀中國文化基本教材，培養倫理道德之觀念，愛國淑世之精神。

（4）閱讀優美、純正、勵志之課外讀物，增進文藝欣賞與創作之能力，開展堅毅恢宏之胸襟。

（5）熟習常用應用文之格式與作法；加強書法鑑賞及書寫之技能；熟練語言表達之能力。

　　兩相對照，原來新課程標準是將舊課程標準中的（4）、（5）兩條歸併成為第（4）一條，在整個內容上實際並未減少。但值得我們注

意的是原第（2）條中培養「寫作明易文言文之能力」部分已刪除，另外又新增了「熟習常用應用文之格式與作法」。其餘在文字上雖略有更動，但基本精神則無不同。

（二）時間的分配方面

1　舊課程標準的規定為

　　第一、二學年每週授課五小時，範文占總時數五分之三，作文及中國文化基本教材各占五分之一。第三學年每週授課六小時，範文占總時數六分之四，作文及中國文化基本教材各占六分之一。

2　新課程標準則改為

　　第一、二、三學年每週授課五節，時間分配如下：
（1）範文每週三節。
（2）作文每二週二節。
（3）中國文化基本教材每週一節。
（4）書法、課外閱讀等視需要隨機指導。
　　大的改變之處為第三學年由「每週授課六小時」，改為「每週授課五節」。依總綱的說明，每節仍為五十分鐘，不同於國民中學新課程標準的每節四十五分鐘。

（三）教材綱要方面

　　此部分由於新、舊課程標準呈現的方式不盡相同，因而以下的敘述，有些仍採新舊對照方式說明，有些則由筆者直接作解說。

1　教材編選之要領

　　主要的變動有二：一為廢除精讀範文、略讀範文的區別，亦即是

說，以後的課本不會再有用以標識屬精讀範文的⊙符號出現。二為明
定「每課範文宜附有題解、作者、注釋、賞析、問題討論等項。」雖
然所用者為「宜」字，並非有高度的強制性，但由於市場競爭的需要，
以後各書局所編輯的課本大概都會有這些項目。

2　教材配置之比例

（1）範文

　　A. 語體文與文言文之比例

　　　　舊課程標準的規定是：

文別＼百分比＼學年	第一學年	第二學年	第三學年
語體文	40％	30％	20％
文言文	60％	70％	80％

說明：

1. 上表所列百分比，可酌量增減，但以百分之五為限。
2. 語體文除現代作品外，可酌採古人接近語體之作。文言文宜盡量採用古代典
   籍內明白通暢含有嘉言懿行堪資表率之篇章，或酌採時代代表作品。先從近
   代，上溯至古代。
3. 新課程標準的規定則是：

文別＼百分比＼學年	第一學年	第二學年	第三學年
語體文	45％	35％	25％
文言文	55％	65％	75％

說明：

1. 上表所列之百分比係指散文部分，詩詞曲不計在內。

2. 上表所列百分比，取其約數，可酌量增減，但以百分之五為限。

3. 語體文除現代作品外，可酌採古人接近語體之作，文學性較高者。

　　可以看出各年級語體文所佔的比例，較諸以往，皆有增加。

　　B. 各體文之比例

　　舊課程標準並未列表指出各體文之比例，而分別在各年級的教材分配中，明訂記敘文、論說文、抒情文各若干篇。總的來看，論說文所佔比例最高，其次為抒情文，再其次為記敘文。

　　新課程標準則將各年級的各體文比例明訂為：

百分比　　學年 文別	第一學年	第二學年	第三學年
記敘文	30%	30%	25%
論說文	40%	40%	50%
抒情文	30%	30%	25%

說明：

1. 上表所列之百分比係指散文部分，詩、詞、曲不計在內。

2. 上表所列百分比，取其約數，可酌量增減，但以百分之五為限。

3. 各學年下學期上課節數較少，論說文部分得減少一篇。

4. 各體文篇數之總和，應用文應佔百分之十五。

　　論說文的比例仍居最高，但已略有下降，抒情文、記敘文的比例則相同；但因詩、詞、曲另計，而詩、詞、曲大多數抒情文，所以抒情文的比例仍高於記敘文。此外，又規定在各體文中，應用文應有百分之十五的比例。

　　C. 範文篇數的配置

　　舊課程標準的範文配置情形是：

第一學年

學期 要項 類別	第一學期（每週五小時）	第二學期（每週五小時）
範文	每週三小時 1. 記敘文 　（1）語體文二篇 　（2）文言文二篇 2. 論說文 　（1）語體文二篇 　（2）文言文四篇 3. 抒情文 　（1）語體文二篇 　（2）文言文三篇	每週三小時 1. 記敘文 　（1）語體文三篇 　（2）文言文二篇 2. 論說文 　（1）語體文二篇 　（2）文言文四篇 3. 抒情文 　（1）語體文一篇 　（2）文言文三篇

第二學年

學期 要項 類別	第一學期（每週五小時）	第二學期（每週五小時）
範文	每週三小時 1. 記敘文 　（1）語體文一篇 　（2）文言文三篇 2. 論說文 　（1）語體文二篇 　（2）文言文五篇 3. 抒情文 　（1）語體文二篇 　（2）文言文三篇	每週三小時 1. 記敘文 　（1）語體文一篇 　（2）文言文三篇 2. 論說文 　（1）語體文二篇 　（2）文言文五篇 3. 抒情文 　（1）語體文二篇 　（2）文言文三篇

第三學年

學期 要項 類別	第一學期（每週五小時）	第二學期（每週六小時）
範文	每週四小時 1. 記敘文 （1）語體文一篇 （2）文言文二篇 2. 論說文 （1）語體文一篇 （2）文言文七篇 3. 抒情文 （1）語體文一篇 （2）文言文四篇	每週四小時 1. 記敘文 （1）語體文一篇 （2）文言文二篇 2. 論說文 （1）語體文一篇 （2）文言文七篇 3. 抒情文 （1）語體文一篇 （2）文言文三篇

新課程標準則調整為：

文別	學期 篇數	第一學年 上學期	第一學年 下學期	第二學年 上學期	第二學年 下學期	第三學年 上學期	第三學年 下學期
記敘文	語體文	二篇	二篇	二篇	二篇	一篇	一篇
	文言文	唐、宋文二篇	唐、宋文二篇	唐、宋、明、清文二篇	唐、宋、明、清文二篇	先秦、兩漢、六朝文二篇	先秦、兩漢、六朝文二篇
論說文	語體文	二篇	二篇	一篇	一篇	一篇	一篇
	文言文	唐、宋文四篇	唐、宋文三篇	唐、宋、明、清文五篇	唐、宋、明、清文四篇	先秦、兩漢、六朝文五篇	先秦、兩漢、六朝文四篇

抒情文	語體文	二篇	二篇	二篇	一篇	一篇	一篇
	文言文	唐、宋文二篇	唐、宋文二篇	唐、宋、明、清文二篇	唐、宋、明、清文二篇	先秦、兩漢、六朝文二篇	先秦、兩漢、六朝文二篇
韻文		古詩選一篇	樂府選一篇	唐詩選一篇	宋詩選一篇	詞選一篇	曲選一篇

說明：

1. 第一、二學年上學期各選範文十五篇，下學期各選範文十四篇。

2. 第三學年上學期選範文十三篇，下學期選範文十二篇。

3. 各學年選文篇數得依前列二表之百分比酌予增減。

4. 語體文中每學年酌選新詩一課，選材以在現代文學史上具有代表性者為宜。

　　以新舊兩表相對照，除語體文與文言文的比例，各體文的比例略有變動，如 A、B 兩項所述者以外，依新課程標準的規定，每冊的篇數如下：

第一學年　上學期十五篇（原為十五篇）

　　　　　下學期十四篇（原為十五篇）

第二學年　上學期十五篇（原為十六篇）

　　　　　下學期十四篇（原為十六篇）

第三學年　上學期十三篇（原為十六篇）

　　　　　下學期十二篇（原為十五篇）

　　總計，六冊共選編範文八十三篇，較之原有規定之九十三篇，減少了十篇。

（2）中國文化基本教材

　　舊課程標準僅規定「中國文化基本教材之內容」，選授《論語》、《孟子》及《大學》、《中庸》。」未明訂《四書》在各冊的配置情形。

新課程標準則在此作了明確的規定：

學年	第一學年		第二學年		第三學年	
	上學期	下學期	上學期	下學期	上學期	下學期
教材	《論語》選讀	《論語》選讀	《論語》選讀	《孟子》選讀	《孟子》選讀	《學、庸》選讀

　　此規定與現行由國立編譯館所編輯的教材完全相符，基本上可謂並無變動。

（3）課外閱讀

　　舊課程標準規定，在閱讀部分，第一、二、三學年，上下學期每月至少一本；報告部分，第一、二學年上下學期，第三學年上學期，每學期必須繳交二至四篇。

　　新課程標準則改為閱讀部分，一、二年級每學期以一至二本為原則，三年級以每學期一本為原則，得視實際情況酌量增加；報告部分，不論哪一年級，每學期必須繳交讀書報告一份。另規定讀書報告可以列入每學期作文篇數中計算。

　　總的來看，課外閱讀方面，不論閱讀或報告部分，皆已較以往減少。另讀書報告可列入作文篇數中計算，所以實際上也減少了作文的篇數。

（4）作文

　　舊課程標準對作文練習，規定「每學期至少十篇」，「教師可擇要批改六篇」，「令學生用毛筆楷書寫作」。

　　新課程標準除了不再規定以毛筆寫作外，對每學年上下學期的習作篇數及批改篇數都作了明確的規定：

學期 篇數 文別	第一學年		第二學年		第三學年	
	上學期	下學期	上學期	下學期	上學期	下學期
記敘文	二篇	二篇	二篇	二篇	二篇	一篇
論說文	三篇	二篇	三篇	三篇	四篇	三篇
抒情文	二篇	二篇	二篇	二篇	二篇	一篇
應用文	讀書報告 一篇	便條請柬 名片一篇	書信一篇			

說明：

1. 第一、二、三學年上學期每學期習作八篇，批改六篇，共同訂正二篇。

2. 第一、二學年下學期每學期習作七篇，批改五篇，共同訂正二篇。

3. 第三學年下學期習作五篇，批改三篇，共同訂正二篇。

4. 一年級上學期之讀書報告應說明報告之格式、作法及注意事項，以指導學生撰寫合乎標準形式之讀書報告。

　　總的來看，在作文方面，不論習作或批改篇數都已較以往減少，另外課外閱讀的讀書報告亦可併入計算，所以這部分的負擔確實是輕了不少。

（5）書法

　　舊課程標準規定「第一學年每週限交大楷六十字，小楷一百八十字，第二學年每週限交行書一百八十字。」第三學年則無規定。

　　新課程標準則改為：

學年	第一學年		第二學年		第三學年	
	上學期	下學期	上學期	下學期	上學期	下學期
大楷	八篇	七篇	八篇	七篇	自由練習	自由練習
小楷	八篇	七篇	八篇	七篇	自由練習	自由練習

說明：

1. 大楷每篇二十八字（每格約八公分見方），小楷每篇九十六字（每格約三公分見方），利用課外寫作、指導。

2. 各家碑帖不拘、可由學生就個性所近自行選擇，唯必須用心練習，認真書寫。

　　另外，在教學方法及過程中又規定：「大、小楷隔週輪流練習」，「一週交大楷二十八字」，「次週交小楷九十六字」。

　　總的來看，各年級的分量皆已減少，而每週所繳交的字數也配合坊間所賣習字本的實際字數作規定。

（四）實施方法方面

　　新課程標準在這點所定的項目較過去有所增加，但細閱其內容，不同之處主要有二：

　　一為明訂教師手冊編輯之要點，此對於教科用書開放由各書局編輯，具有規範作用。按目前高級職業學校的國文教科書早已開放，但市場現有的二十多種版本中，雖然都在其課本的編輯大意中說另編有教師手冊，但可能因編教師手冊並無利可圖，所以真正編有教師手冊者只有少數幾家而已。現在新課程標準既作了明確的規定，則不編教師手冊的書局，在審查時將不被通過，因此也就不敢不編了。

　　二為在國文總成績的計算上作了調整，原有的規定是：

　　　　國文總成績之計算，規定為範文及「中國文化基本教材」佔百分之五十，作文練習佔百分之四十，課外閱讀佔百分之五，書法佔百分之五（第三學年課外閱讀佔百分之十）。

新規定則是：

1.第一、二學年範文及「中國文化基本教材」佔百分之六十五，作文練習佔百分之三十（包括課外閱讀報告），書法佔百分之五。

2.第三學年範文及「中國文化基本教材」佔百分之七十，作文
練習佔百分之三十（包括課外閱讀報告）。

主要的不同是將課外閱讀報告併入作文中計算，並將作文所佔的
比例降低。

三　新課程標準的特色

由以上的說明，可以歸納出此次新頒布的高級中學國文課程標準
實具有下列幾個特點：

（一）較切合實際

諸如目標方面的不再要求培養學生寫作文言文的能力，因為事實
上現在的一般學生既沒有能力，也不可能去寫作文言文。又如在範文
篇數的配置上，每學年下學期皆比上學期少了一篇，這是考量到下學
期上課日數較上學期為少的緣故。再如作文練習時已不再規定令學生
用毛筆以楷書寫作，因為實際上各學校早已經不作此要求了……。凡
此變動，都可以看出新課程標準的規定已不再像過去一般，作一些徒
託空言式的要求，而實則大家都做不到，比較能針對現實的情況，作
了適度的調整。

（二）分量較輕

不論在範文的篇數、作文的習作及批改篇數、課外閱讀的閱讀及
讀書報告分量、書法繳交的字數等，都明顯的比過去減少了許多。此
不僅只是因為第三學年的授課鐘點少了一節的緣故，基本上是希望藉
此減輕教師教學及學生學習的負擔。

（三）與國民中學之教材銜接較密切

　　一向為大家所詬病的是，國三學生一旦升上高中，由於課程分量突然加深加廣了很多，造成學生一下子無法適應。此種情況，依新課程標準的規定可望舒緩。以文言文與語體文的比例來看，第一學年語體文佔百分之四十五，文言文佔百分之五十五。這與現行的國民中學國文課程標準第三學年上學期語體文佔百分之五十，文言文佔百分之五十；下學期語體文佔百分之四十，文言文佔百分之六十的規定相較，以整學年計算，其比例正好相同。因此以後高一新生就不至於因文言文突然增加很多，而感到困擾了。

（四）規定較明確，但彈性亦相對減少

　　新課程標準在做各種規定時，大抵採取表列的方式呈現，使閱讀者一看就明白，如原來對作文的規定，只說作文練習「每兩週二小時」，「每學期至少十篇」，「教師可擇要批改六篇」，顯得有些攏統。但現在則對各學年上下學期究竟要作幾篇、改幾篇都做了明確的說明，讓大家比較容易掌握配合。

　　但在此不得不嚴正的指出，新課程標準在範文篇數的配置上，明白規定第一學年的文言文，不論記述文、論說文或抒情文，都只能選用唐、宋文，第二學年只能選用唐、宋、明、清文，第三學年只能選用先秦、兩漢、六朝文，表面上看起來似乎較以往為嚴整，但實際上卻減少了發揮的空間，勢必對教科書的編輯造成很大的限制。舉例而言，如選用篇幅並不很長，內容也不會太深的李密〈陳情表〉，則非置於第五冊或第六冊不可，因為李密是六朝人。相較之下，蘇軾的〈赤壁賦〉，篇幅既較長，內容也較深，就得安置在前四冊中，這乃是由於蘇軾是宋朝人的緣故。似此情形，隨處可見，顯然違背了教材應由淺入深的原則，感覺非常的不合乎情理。

四　結語

　　總體而言，新課程標準雖然仍有不合情理之處，但相較於過去的規定，確實已作了大幅度的改善。但天下事有利有弊，新規定所衍生的一些問題，如範文篇數、作文篇數減少，即學生的閱讀量、寫作量亦隨之減少，則要如何使學生的國文程度不至於下降？諸如此類的負面效應，要怎麼去尋求突破，則尚有待於關心高中國文教學的我們大家共謀對策了。

　　此外，隨著政策的改變，依據新課程標準所編出來的教科書，由於開放給各書局編輯的緣故，必然會出現各種不同的版本，在市場競爭激烈之下，是會達到自由競爭的正面效果呢？還是造成劣幣驅逐良弊的局面？這就有賴於各高級中學的國文教師及行政人員發揮高的智慧，拒絕不當的誘惑，來為學生選擇較為適切的教材了。

　　還有，隨著大學入學方式的不斷作調整；以及入學考試的試題不可能像過去一般因為只有一種教科書，而將命題範圍侷限於教科書中。則在平日教學時應該採取什麼樣的教法，以全面提昇學生的語文程度，也是各高級中學的國文教師必須費心思量的。

——原刊於《升學資訊輔導雜誌教科書特輯》，

一九九八年六月。

附編

壹
我所認識的文化人陳立夫先生

　　陳立夫先生從民國十四年自美返國，至民國三十八年大陸淪陷，歷任中央政府及中國國民黨各要職，其成就與貢獻，相關報導與論著頗多。對於先生在這段期間的活動，筆者只能從相關的報導與論著中略知一二，所以對於政治人陳立夫先生並不熟稔。

　　民國六十二年，筆者考入政治大學中文研究所博士班就讀，當時有一門必修課「人理學研究」由陳立夫先生講授，筆者從此忝列先生門下。但由於每週僅授課兩小時，聽課的學生人數又多[1]，師生之間的互動並不頻繁。及至民國六十六年，筆者獲得博士學位後，任教於臺中靜宜女子文理學院（現已搬遷至沙鹿，並改制為靜宜大學），蒙先生不棄，在每年暑假由先生擔任理事長的孔孟學會舉辦國學研究會[2]時，命筆者擔任輔導老師。民國七十二年，筆者獲聘至政治大學中文系任教，先生更委以孔孟學會執行祕書之職，並負責《孔孟月刊》、《孔孟學報》之編務，而且經常為先生規畫各項文教活動或撰寫文稿，筆者與先生的接觸乃日趨密切。

　　陳立夫先生於民國三十八年隨政府來臺，旋即於次年引咎辭卸公

1　這門課是由政治大學中文研究所、臺灣師範大學國文研究所、中國文化學院（現已改制為中國文化大學）中文研究所聯合開課，再加上旁聽者多，每次上課人數約四、五十名。

2　國學研究會自民國六十一年起開始舉辦，分為大專學生組、中小學教師組兩期，經費由臺灣省教育廳、教育部社教司等補助，後來因經費日漸短絀，只舉辦中小學教師組，至民國八十八年，臺灣凍省，缺乏經費來源，遂停辦。

職，避居美國，以養雞維生。直到民國五十八年，奉蔣中正總統之召
返臺，雖仍獲聘為總統府資政，但並不負責實際政務。先生自從這一
年起，一直到謝世為止，三十多年來，幾乎將所有的精力都投注在文
化事業上。筆者有幸在其晚年追隨左右，親聆教導，所以對文化人陳
立夫先生的認識自然較一般人為深。

其實陳立夫先生在文化方面的努力，也有許多人述及，為避免重
複，乃以一般記載先生生平之著述，或語焉不詳，或根本未述及者，
分為教師節與工程師節、《四書道貫》與《中國文化基本教材》、《唯
生論》與國際儒學聯合會、《孔孟月刊》與《孔孟學報》四節，記述
先生對文化事業的用心。其中有得自先生口述者，也有筆者參與其中
者，庶幾有裨於世人對先生較全面的認識。

一　教師節與工程師節

民國二十七年一月，陳立夫先生接任教育部部長，由於先生幼年
時在書塾接受以四書五經為主的啟蒙教育，對孔子在教育上的理念及
成就，極表敬仰。其後在美國任職於麥文礦業公司時，也曾被邀請至
史克蘭敦教堂作演講，每次所講的都是有關中國傳統文化以及孔孟的
學說。[3]乃於次年倡議以孔子誕辰紀念日為教師節，經政府頒行，迄今
每年慶祝。[4]

民國六十年，陳立夫被推選為孔孟學會理事長，擬定「向下紮
根，向外推展」的會務發展方向。在向外推展方面，透過美國加州聖

3　先生之啟蒙教育情形及在美演講內容，分見陳立夫撰：《成敗之鑑》（臺北市：正中書局，
　　1994 年，初版），頁 11 及頁 14。
4　陳立夫撰：《我的創造、倡建與服務》（臺北市：東大圖書公司，1989 年 6 月，初版），頁 64。

荷西市僑領劉國能先生的努力，於一九七二年通過以孔子誕辰紀念日為聖荷西市教師節。隨後又於一九七三年由加州州議會明訂是日為教師節。緊接著又提案至美國國會，經眾議院通過，並送參議院審議，只要獲得通過，孔子誕辰紀念日即成為全美國之教師節。不料民國六十八年，美國與中共開始建立外交關係，因當時中共尚奉行批孔政策，事遂告寢。政治對文化摧殘之大到達如此地步，先生每述及此事，常深致感慨。

陳立夫先生早歲留學美國，獲得匹茲堡大學煤礦工程系碩士學位，並曾在匹茲堡煤礦公司、麥文礦業公司任職。因為這樣的背景，在就任教育部長後，被推選為中國工程師學會會長。於民國二十八年，倡議與其他專門工程學會於成都召開聯合年會，先生在會中提案：以我國歷史上偉大的水利工程師大禹的生日六月六日為工程師節，經大會通過，由政府頒行，每年集會慶祝迄今。

如何考訂出大禹的生日為六月六日，有一段頗為有趣的插曲，陳立夫先生常津津樂道：原先是疑古派考據學家顧頡剛先生為表示古史不可盡信，曾謂「堯是一堆土，舜是一把草，禹是一條蟲。」陳立夫先生對於他的說法很不以為然[5]，於是趁著準備訂定工程師節的機會，拜訪顧先生，請他考訂禹的生日究竟是何月何日。顧先生不知是計，經過一番考據之後，回信告訴先生說六月六日是禹的生日。先生於工程師聯合年會通過以禹的生日六月六日為工程師節後，還糗了他一頓，當眾宣布從此禹不再是一條蟲了。[6]

5　陳立夫先生的理由是：「我知道孔子是不隨便推崇他人的，沒有真憑實據，他是不寫作的，他對大禹則是推崇備至，說：『禹，我無間然矣。』見陳立夫撰：《從根救起》（臺北市：三民書局有限公司，1970 年 7 月，初版），頁 188。又：「我想難道離孔子一千幾百年的大禹，孔子對他尚且非常讚美的人，反不及四千年後的顧先生所得的文獻更為可靠，何況孔子一向重視證據，無可靠的文獻，他不寫作。」見陳立夫撰：《成敗之鑑》，頁 271。
6　陳立夫撰：《成敗之鑑》，頁 271。

二　《四書道貫》與《中國文化基本教材》

　　民國三十八年，大陸淪於中共之手，陳立夫先生隨政府來臺，而於次年引咎辭去政、黨各職，赴美國以養雞賣蛋為生，時間長達二十年。在養雞工作之餘，著手撰著《四書道貫》，於民國五十五年完成，並以印製的第一本書獻給蔣中正總統，作為生日賀禮。[7]

　　《四書道貫》係本於孔子「吾道一以貫之」[8]之旨，並依朱熹「讀《大學》以定其規模」[9]之意，全書除總論及結論外，計分八篇，以《大學》格物、致知、誠意、正心、修身、齊家、治國、平天下八條目作為架構，將《論語》、《孟子》、《大學》、《中庸》所有文句納於此架構之下，並以己意加以貫串而成。這種做法，是從朱熹結集《四書》以來所未嘗有，確實可以成為一家之言。

　　《四書道貫》出版以後，很受各界重視，出版社不斷再版，總銷量達九萬餘冊，並被翻譯成英、日、韓文，又有部分高級中學採用為中國文化基本教材的教科書。十幾年後，適逢教育部修訂並發布新的《高級中學課程標準》，國立編譯館乃聘請陳立夫先生為《中國文化基本教材》編審委員會主任委員，由委員林品石先生執筆，依照《四書道貫》的架構，配合教學鐘點，減少分量，重編《中國文化基本教材》。不料，從民國七十二年開始推出使用之後，反彈聲浪逐漸出現，國立編譯館熊先舉館長為此還邀請潘重規、高明、林尹、華仲麐

7　陳立夫撰：《成敗之鑑》，頁 395。

8　《論語·里仁》：「子曰：『參乎！吾道一以貫之。』曾子曰：『唯。』子出。門人問曰：『何謂也？』曾子曰：『夫子之道，忠恕而已矣。』朱熹撰：《四書章句集注》」（臺北市：大安出版社，2005 年，第一版第五刷），頁 96。

9　《朱子語類》：「某要人先讀《大學》，以定其規模。次讀《論語》，以立其根本。次讀《孟子》，以觀其發越。次讀《中庸》，以求古人之微妙處。」（臺北市：文津出版社，1986 年 12 月），頁 249。

等多位資深教授，巡迴北中南東各地區作疏通，但收效甚微。後來曾濟群先生接任館長，因曾先生原為政治大學教授，與筆者有同事之誼，知道筆者與陳立夫先生的關係，前來請託轉達希望能將大家反對最力的部分改寫。筆者除了轉達曾館長意見，並取得先生同意作部分改寫外，且要求曾館長送我一套六冊的《中國文化基本教材》，以便研閱而了解問題的所在。

　　有一回，陳立夫先生找筆者談論事情，結束之後，先生表示最近因所編教科書受到大家反彈而頗為困擾。由於筆者已事先研讀過整套書，也了解問題所在，乃藉此機會進言：由於《四書》各有其義理系統，現既將其冶為一爐，但高中生對《四書》只是入門，難以融會貫通，學習起來勢必事倍功半，當然會反彈。先生聽完，沉思了一會兒之後也同意筆者的看法，並問該怎麼辦才好？筆者答以除了改編以外，別無他法。於是先生乃商請國立編譯館增聘筆者為委員，負責改編事宜。[10] 新版本於民國七十七年印行之後，反對聲浪遂告平息，而筆者所採編輯架構也一直被沿用至今。[11]

---

10 改編初始，林品石先生極力反對，陳立夫先生獲知之後，要求林先生不能再反對，並請他不要再出席會議，改編工作始順利完成。其後，先生為表示負責，辭去主任委員之職，先生擬推薦前教育部長朱匯森先生擔任，但筆者建議不如請原任高中國文教科書編審委員會主任委員的高明教授兼任，先生首肯，惟高明教授謙辭，以致國立編譯館所編數千百種教科書，只有改編版的《中國文化基本教材》編審委員會的主任委員一職從缺。

11 筆者所採架構為四書分開編輯，《論語》選編為前三冊，《孟子》選編為四、五冊，《大學》、《中庸》合編為第六冊。每書依其內容分類，如《論語》分為孔子之為人、論仁、論孝、論學，……等，《孟子》分為孟子之抱負、論性善、義利之辨，……等。民國八十八年，高中教科書採一綱多本制度，不再由國立編譯館統編，而由各出版社編輯，只要通過審查即可發行，各出版社所採架構大抵還是依筆者所規畫者。可惜在民國九十五年開始實施的《高級中學課程暫行綱要》中，已將中國文化基本教材科目刪除，但另有《論孟選讀》選修科目，也依然是採分類的架構編輯。

三　《唯生論》與國際儒學聯合會

　　為闢斥唯物論的不合理，陳立夫先生於民國二十二年出版了《唯
生論（上冊）》，又於民國三十年撰成《生之原理》，作為《唯生論》
的下冊[12]，故兩書實際上是一書。書中開宗明義即引用《易‧繫辭傳》
「生生之謂《易》」、「天地之大德曰生」[13]，指明唯心、唯物的論調皆有
所偏，並結合孫逸仙先生的民主史觀，強調人民的生活、社會的生
存、國民的生計、群眾的生命才是重要的。生，才是人類進化的重
點。民國六十年，又有《人理學》問世，指出中國文化之重點在「盡
人之性」，西方文化之重點在「盡物之性」，但《中庸》稱「能盡人之
性，則能盡物之性」，則中國文化之「人理學」，要迎頭趕上「物理
學」，其實是不困難的。後來先生又將《唯生論》及《人理學》的內
容加以貫串，歸納中國文化為「重人兼重德」的王道文化，資本主義
文化則「重財而輕德」，共產主義文化為「重物而輕人」，後面兩者各
趨極端。[14] 因而極力主張以中國文化統一中國。[15]

　　民國七十八年（1989），大陸孔子基金會在北京召開紀念孔子誕
辰二五四〇週年國際學術研討會，廣邀世界各國研究孔子思想之學者
參加，陳立夫先生與筆者皆在受邀之列。先生既受邀，頗為高興，但

---

12 《生之原理‧自序》：「作者所以不揣讓陋，寫成這一部《生之原理》，以披露其一點探究之
　　所得，即作為拙著《唯生論》下冊的代替。」（臺北市：正中書局，1954 年 3 月，初版）。

13 《唯生論》第一講唯生論的宇宙觀（一）導言（臺北市：正中書局，1956 年 6 月，初版），
　　頁 2。

14 陳立夫撰：《成敗之鑑‧自序》。

15 陳立夫先生於民國六十二年，先提出「以三民主義統一中國」，見《成敗之鑑》，頁 405，
　　但《我的創造、倡建與服務》則謂提出時間為民國六十八年，見頁 73，應以後者為是。然
　　「以三民主義統一中國」的主張，不為中共採納，先生又於民國七十七年改為主張「以中
　　國文化統一中國」，提議以美金一百億元與中共共同開始建設國父實業計畫之一部分，藉
　　以建立互信，進而達致兩岸之和平統一。見陳立夫撰：《成敗之鑑》，頁 409。

以身為公職人員（指任總統府資政）不便出席，但仍將其論文託人攜往發表。其內容是先生一貫的見解，一方面強調中國文化的可貴，另方面則對資本主義、共產主義作批評。此舉雖然造成主辦單位的尷尬，所幸主辦單位尚能包容，除將之列為主題演講在會中宣讀外，並刊載於會議論文集中。

這次規模甚大的國際學術會議，還有一個目的，就是準備籌組國際儒學聯合會。陳立夫先生命筆者代表孔孟學會參與其事。在籌組過程中，各國代表對於會址究應設於何地有不同的意見，後來大家要筆者請教先生的意見，先生答以設於孔子故鄉曲阜應可平息爭議，眾人皆表贊同。不過後來又考慮到曲阜的交通條件並非十分方便（無國際機場），於是又徵得先生同意，改設於北京。國際儒學聯合會經各國學者的奔走努力，終於在民國八十三年（一九九四年，孔子誕辰二五四五週年）成立，並禮聘先生為榮譽會長。先生對於中共之由批孔調整路線為尊孔，並宣揚中國文化主流的儒家思想，內心感到非常欣慰。

四　《孔孟月刊》與《孔孟學報》

孔孟學會自民國四十九年創立以後，為促進對孔孟學說的研究，並弘揚孔孟思想，先後於五十年四月開始出版《孔孟學報》，每年兩期；五十一年九月開始發行《孔孟月刊》，每年十二期。這兩種刊物從創刊以後，每期皆按時出刊，深受各界肯定，而為美國國會圖書館等世界有名的圖書館長期收藏。海峽兩岸開放交流以後，大陸學界也對這兩種刊物極為重視，爭相來函訂購或要求贈閱，並常有學者投稿。可以說《孔孟月刊》與《孔孟學報》已成為作為一個學術團體的孔孟學會最好的招牌。

　　不料到了民國八十七年六月，陳立夫先生出國，孔孟學會常務理事會竟以財務日益困窘的理由，決議將《孔孟月刊》改為兩個月出刊一期，《孔孟學報》改為每年出刊一期。筆者事先並未受徵詢，獲悉之後向祕書長力爭未果。同年十月，先生返國，筆者向先生力陳此舉之不當，先生即交付再議，常務理事會在祕書長的引導下仍維持原議，先生為表示尊重，乃批示試辦一年。筆者寫了一封長達十餘頁的信函上呈先生，除希望仍維持原出刊期數之外，並對孔孟學會財務之規畫分就開源、節流兩方面提出建言，且詳列可靠數據，以為開源、節流所得足以維持兩刊物之不受縮減。先生對筆者之用心極為肯定，指定筆者列席常務理事會說明，最後決議《孔孟月刊》維持每年十二期，但《孔孟學報》則縮減為每年一期。筆者人微言輕，雖無力扭轉局勢，亦只有善盡言責而已，而對於先生對筆者意見的重視，仍深表感激。[16]

五　餘論

　　筆者自從有幸入於陳立夫先生門下，迄民國九十年，先生辭世，親聞謦欬二十餘年，對先生待人處事印象最深刻者有下列數事：

　　一為先生待人非常謙虛客氣，筆者追隨其左右這麼多年，從未見其疾言厲色。他平常很喜歡寫字，晚年因重聽更好以字條或書信交代事情。他年長於筆者四十多歲，筆者又是他的學生兼部屬，但他每次

---

16 實際上陳先生因年事已高，過了百歲誕辰以後，身體狀況大不如昔，已較少過問會務，此後筆者也逐漸淡出孔孟學會之事務。《孔孟月刊》自民國九十四年起，已改為每兩個月出版一期。一個卓著聲望的學會及其代表性刊物，發展至如今之境地，固然與大環境有關，但財務規畫始終未上軌道也是主要原因，實令人不勝欷歔。

寫字條或書信給筆者時，開始不是「董祕書」，就是「金裕兄」[17]，就此一事可以看出他的謙沖為懷。

二為先生做事很認真而又有幽默感，他每次上課或演講，幾乎都是事先備好講稿，總是先坐著請人讀稿，讀完一個段落或全部讀完以後，他就站起來作發揮或補充。八十幾歲以後，腿部漸無力，大家請他坐著講，但他仍堅持要站著講，並說：「我本來就是『立夫』啊！」

三為先生具有納言的雅量，前已述及，他所主編的《中國文化基本教材》遭到反對，筆者趁機進言，他覺得有道理，便接納筆者的意見，同意並協助改編。還記得有一年，孔孟學會舉辦孔孟學說論文比賽，他擬了一個題目，承辦業務的職員感覺有點怪怪的，告知筆者，筆者也覺得不妥，上簽呈表現意見，他看完之後即批示要筆者另擬題目。[18]

本文即將撰述完畢，展讀先生傳記及著述，懷想與先生過從之點點滴滴，的確有「音容宛在」之感。文天祥〈正氣歌〉云：「哲人日已遠，典型在夙昔。」旨哉斯言！

　　　　　——原刊於東吳大學人文社會學院編，臺灣學生書局
　　　　　出版《二十世紀人文大師的風範思想——後半葉》，
　　　　　二○○七年二月。

---

17 請參附件一。

18 關鍵乃在於是否敢於向先生進盡忠言，但因為先生地位聲望崇隆，有些人不敢據實稟報，以致先生受到蒙蔽，其實是愛之適足以害之。

附件一

金榕兄

　　惠書已久請兄電話約期

章老師參加明日之畢業典礼

　　　　　　　　　　言之

　　　　　　　　　　又九七朱

貳
高仲華師的待人與處事

　　高明先生，初名同甲，入學後，自更其名為明，字仲華，一字尊聞。江蘇省高郵縣（今高郵市）人。生於民國前三年（西元一九〇九，清宣統元年）四月六日（農曆閏二月六日），卒於民國八十一年九月二十一日，享壽八十四歲。

　　先生在大陸及臺灣長期主持系、所及院、校行政工作，並曾赴香港、新加坡講學，又有等身著作，因對教育文化具有卓越貢獻，榮膺民國七十七年行政院文化獎。其生平及成就，除於其仙逝後，治喪委員會所撰事略外，黃慶萱教授、陳冠甫教授皆嘗撰有長文介紹。[1] 為避免重複，本文不再贅述。

　　筆者於民國五十九年考入政治大學中文研究所碩士班，開始受教於　先生。民國六十二年，復升博士班就學，並在　先生及熊公哲先生的共同指導下完成博士論文。畢業後至臺中靜宜女子文理學院任教，難以常侍門庭，但每年　先生華誕及春節，皆前往拜謁恭賀。迨

1　黃慶萱〈故國文系高明教授學述〉，收錄於臺灣師範大學編：〈師大校友〉第 330 期（2006年 6 月），頁 33-39。陳冠甫（原名慶煌，以字行）〈國家文學博士宗師 —— 高郵高先生之生平與學術成就〉，收錄於東吳大學人文社會科學院編：《二〇世紀人文大師的風範與思想【後半葉】》（臺北市：臺灣學生書局：2007 年 2 月，初版），頁 27-44。按此文係依陳冠甫於民國八十二年刊登於《中外雜誌》的「國家文學博士的宗師 —— 高明的一生」改寫而成。
按「事略」與兩位教授所撰文章，在少數記事上的時間略有出入。
又按高先生於其八十歲生日時，曾自撰〈八十書懷〉七律十二首，於註文中對其生平經歷有所交代，亦可參。收錄於政治大學中國文學研究所編：《中華學苑》第 36 期慶祝高仲華教授八秩華誕專號（1988 年 4 月），頁 5-15。

民國七十二年二月返回政治大學任教，復經常有幸聆聽　先生教誨，尤以其中有若干年，與　先生同時段上課，更有機會接觸　先生而蒙其教益，在待人處事上頗受啟迪，因以〈高仲華先生的待人與處事〉為題，將自己親身的見聞感受分為「對學生」、「對家人」、「編輯國立編譯館國民中學國文教科書」、「編輯國立編譯館高級中學《中國文化基本教材》教科書」四節，各舉數事為例，以見　先生待人態度與處事風格的一斑。

一　對學生

　　筆者自大學時代，即與內人曹愔玉女士交往，但因筆者為本省人，曹女士為湖南人，當時一般人的省籍觀念仍十分濃厚，故當我們交往時，就受到岳家的極力反對，其後歷經大學畢業、教學實習、服兵役，以至就讀碩士班，情形皆未改善，但兩人交往已長達七、八年，最後岳家見無法阻撓，乃開出許多條件，其中一項為必須邀請聲望崇高的人士證婚。因之前　先生已見過曹女士多次，對她極為喜愛關懷，在得知筆者的困境後，遂毫不猶豫的應允擔任證婚人，讓我們能於筆者就讀碩士時順利完婚。筆者家住竹南，當時高速公路並未開通，鐵路班次亦不密集，　先生從臺北搭火車趕到竹南證婚，婚禮結束後，又連夜趕回臺北。以六十餘歲的高齡，來回奔波，既不辭辛勞，又見筆者能完成終身大事，神情十分愉悅。　先生生前也頗為欣喜，經常向友朋門生樂道其事。迄今筆者家庭生活幸福美滿，對　先生的這份恩情始終感念在心。

　　民國七十二年，　先生命筆者主編國立編譯館國民中學國文教科書，每一冊初稿完成後，依例先交編審委員會開會審議。有些編審委員態度極為認真，不僅事先將整冊閱讀完畢，開會時更提出不少寶貴

的意見，令人十分敬佩，筆者見其言可採，當然是從善如流，並面致謝意。但也有極少數委員既未詳細閱讀，也始終搞不清楚編輯體例，開會時又冒然的提出一些似是而非的建議，如率爾採從，將造成教學的困擾，筆者當然得提出說明或辯駁。記得有一次開完會後，　先生將筆者留下來，告訴筆者剛才某位委員雖有建議，但筆者的堅持是對的，不過言語態度應該再和緩些，因之前該委員已向　先生反映過開會時筆者常不給他留面子。這番話有如當頭棒喝，適時的點醒筆者，讓筆者此後在待人處事時更知掌握分寸。惟因個性耿直使然，不知其後的表現，能盡如　先生之意否？至今仍常以之作為反躬自省的項目。

　　當筆者於臺中靜宜女子文理學院中文系任教時，在一次與同事閒聊中，聽到一位也出身於政治大學中文研究所的學弟抱怨，當他在博士論文口試時，所有的委員對他的博士論文品質皆讚譽有加，惟獨　先生卻在其中挑毛病。在他看來，那些毛病根本不是問題。言之下意似乎對　先生有些微的不滿。筆者當時聽了，不免也有些疑惑，以　先生的為人應該不至於故意挑毛病，而那位學弟平日治學甚勤，成果也頗受肯定，怎麼會有此等事情發生？事隔多年，筆者已回母校任教一段時日，在一次偶然的機會裡，　先生不經意的提到，他在考學生論文時，如果該生的論文寫得不甚理想，口試委員紛紛指摘缺失時，他一定想辦法找出其優點加以鼓勵；如果論文寫得很理想，口試委員極力給予肯定時，他也一定想辦法找出其缺失，以避免該生驕縱自滿。短短的一席話，讓筆者蓄積胸中多年的疑惑頓消。　先生精研禮學，深知過之者宜俯而就之，不至者宜跂而及之的道理，[2]不計毀譽，將之運用到教導學生上面，這是何等崇高的教育家風範啊！

2　戴聖編《禮記・檀弓》：「子夏既除喪而見，予之琴，和之而不和，彈之而不成聲。作而曰：『哀未忘也。先王制禮，而弗敢過也。』子張既除喪而見，予之琴，和之而和，彈之而成聲。作而曰：『先王制禮，不敢不至。』」陳澔《禮記集說》：「過之者俯而就之，……不至者跂而及之。」（臺北市：世界書局，1976 年 8 月，3 版），頁 37。

二　對家人

　　在介紹　先生生平的著作中，極少有述及其家庭者，筆者有幸曾
多次聽到　先生提及其家人，茲將所知者敘之如下，以見　先生對家
人的繫念關愛情形。

　　先生早年與同隸高郵籍的卜秀英女士結婚，育有二子：高飛、高
登，一女：高妙。家庭生活本極圓滿。不料到民國二十六年，日軍侵
華，京滬失陷，　先生輾轉抵達後方，先後奉派擔任中國國民黨西康
省黨部書記長、赴四川中央訓練團黨政幹部訓練班受訓、重慶小溫泉
中央政治學校（今政治大學前身）任祕書及教授、奉調至中央訓練團
高級幹部訓練班受訓、出任西北大學中國文學系主任、教務長，直至
民國三十七年初，雖已抗戰勝利，仍不得返鄉。在此期間，以戰亂之
故，無法攜眷同行，卜女士皆在家鄉奉事公婆，撫育兒女，備嘗艱
辛。三十七年初，　先生始應聘至南京國立禮樂館編纂《中華民國通
禮草案》，稿成而館閉，　先生遂轉而任教於政治大學中國文學系，一
家大小得以團聚而樂享家庭生活。不料未及一年，赤禍燎原，南京告
急，　先生乃應聘到湖南衡山師範學院任教，不久湖南政局大變，　先
生又轉道廣州，赴臺灣師範學院（今臺灣師範大學前身）擔任國文系
教授。再度因時局動亂而與夫人、子女分離。

　　民國四十五年，　先生於政治大學教務長兼文學院院長任內，應
香港中文大學聯合書院之聘，任高級講師兼系主任。　先生此行，除
整頓系務外，最大的心願乃在迎出困於大陸的眷屬。雖多方設法，但
中共並不同意放人，反而以家屬誘引　先生回大陸，為達成統戰目
的，讓長子高飛赴港與　先生見面，　先生於高飛衣服的襯裡發現暗
藏卜女士所寫的書信。信中大意為中共絕對不會放人，請　先生不要
再作無謂的奔走，趕快帶高飛到臺灣過新的生活。　先生見事已至

此，在莫可奈何之下，只好返臺。惟此時高飛年齡已長，因未在臺灣接受教育，難以在競爭激烈的環境下繼續升學，不得已，乃將他送到士官學校就讀。對於此事，先生曾多次對筆者提起，每一述及，都充滿了無奈與不捨之情。

先生於民國五十三年返臺後，陸續在中國文化學院（今中國文化大學前身）、政治大學任教，女學生中仰慕而願委身者頗多；又因先生前曾協助中國青年反共救國團成立中國青年寫作協會，與文藝界時有來往，先生既富才學，人又長得高大英挺，當時即有多位女作家向 先生表達愛慕之意；但 先生皆以恐遭物議而有妨其清譽加以婉拒。其後因生活乏人照料，經人介紹，娶葉黎明女士為繼室，生一女：高麗。 先生晚年得女，對之甚為寵愛，上班時常帶她到辦公室，有一次還對筆者等多位同學說，自己年紀大了，恐怕看不到高麗成長，如果真有那麼一天，希望同學能代為照顧高麗。幸而高麗順利成人，於大學畢業後赴國外留學，並覓得佳婿回臺完婚， 先生喜樂逾恆，充分顯現其舐犢之情深。

民國七十八年，香港大學舉辦「紀念章太炎黃季剛國際學術研討會」， 先生應邀參加，筆者亦在受邀之列。行前， 先生即多次告訴筆者，謂已經安排好淪陷於大陸的兒女前往香港會面，言語中充滿了興奮之情。及至開會期間，凡香港大學安排的應酬活動，筆者都看不到 先生，原來 先生樂享天倫去也。

先生晚年，有一回見了筆者，情神哀傷的說你的師母走了。筆者聽了之後，嚇了一大跳，師母活得好好的，怎麼會突然走了？弄清楚之後，才知道原來指的是卞女士而非葉女士。之後 先生屢次對筆者述及卞女士的種種的好，其感激兼愧疚之情，竟不自覺的溢之於言表。

三　編輯國立編譯館國民中學國文教科書

民國三十八年，　先生來臺不久，即應正中書局之聘編纂高中、初中國文教科書，又為國防部編纂各軍校共用之國文教科書。其後教育部頒布課程標準，國文教科書改由國立編譯館負責編輯，亦敦聘先生負責主編事宜，對戰後臺灣國語文教育的推展貢獻甚偉。

民國七十二年二月，筆者剛回政治大學任教不久，有一天中文系系主任李威熊先生告訴筆者，謂　先生打電話到系辦公室，要筆者前往晤談。筆者銜命拜見，　先生告以教育部已修訂公布新的《國民中學國文課程標準》，必須重組編審委員會，改編國民中學國文教科書，要筆者找一位任教於臺灣師範大學國文系的教授，共同負責編纂事宜。筆者深感責任重大，經慎重考慮，找了一位在師大的同班同學並蒙其應允，不過當時先言明，必須經　先生及國立編譯館同意。詎料向先生稟報時，　先生詢以該同學的職級及所擔任的課程後，即表示師大方面已推薦一位教授級，且教授國文教材教法課程的先生，而筆者推薦者為副教授，又未擔任相關課程，恐較為不利。後來經國立編譯館審議，決定由筆者及師大該名教授共同編纂新的國民中學國文教科書。筆者該名同學頗覺失望，筆者也對之深感抱歉。

編纂伊始，　先生即將其多年的經驗告訴筆者，如謂舊課不宜太多，否則會被誤以為編者偷懶；但也不適合加入太多新課，不然的話，教師要重新備課，必有所埋怨。[3] 又如選輯新課，可以配合時代的脈動、社會的變遷而更多元化。又如作者的介紹應著重其作品的風格與影響，而不要有太多的仕宦履歷。又如注釋的文字宜力求簡明，

3　新舊課的比例究應多少才算合宜？先生只作原則性的提示，筆者於每次改編時，大抵以新課佔三分之一為原則，基本上頗能獲得多數教師的認同。

少引古書文字，以免注釋的文字還需要教師再講解。……凡此提示，皆屬深體有得之言，筆者也謹遵恪守，而獲得多數教師的歡迎。

在編輯過程中，發生了一件爭議性的問題，即師大該名教授多次向筆者表示，以往改編時都會選入一兩篇國父或先總統蔣公的文章，希望我們也援例辦理。但筆者深不以為然，認為這類文章並不太受師生歡迎，而且選進來容易，若教學效果不佳，要刪除恐會有困難，每次都嚴詞拒絕。有一次筆者與　先生閒談時，藉機將此問題拋出，請教　先生當年編輯教科書時，為何選入這類文章？　先生極表無奈的指出，戰後的臺灣百廢待舉，報紙、雜誌種類不多，篇幅也有限，出版業更不發達，要挑選合適的教材十分困難。不得已只好選國父或先總統蔣公的文章，一方面配合當時的國策，另方面則因這類文章大抵由文筆暢達的祕書代筆，字句比較通順。筆者聽了之後，心中竊喜，隨著逐冊的改編，儘可能克服各種困難，減少這類文章的篇數。事實證明這種作法明顯獲得絕大多數教師的支持。在臺灣尚未解嚴的年代，筆者之所以敢於這麼做，主要的原因乃在於希望能回歸教育的本位，獲得比較良好的語文教學成效，但　先生的默許無寧也是一種很大的動力。

回想自民國七十二年以來，筆者最早應聘主編國立編譯館國民中學國文教科書，其後又主編高級中學《中國文化基本教材》教科書，以至參與編輯高級中學國文教科書。更隨著政策的調整，結束了國立編譯館版本（簡稱國編本、統編本或標準本），開啟了審定本的時代，迄今仍受出版業的抬愛，還在編輯國民中學及高級中學的國文教科書。二十多年來持續為國語文教育奉獻，並與全臺灣地區的國、高中教師結緣，有些並且成為好朋友。此種機緣來自於　先生，而受　先生的啟發尤其深遠，對　先生的提攜教導始終感懷不已。

四　編輯國立編譯館高級中學《中國文化基本教材》教科書

　　在國民政府時期，歷任政、黨各要職的陳立夫先生，於民國三十八年隨政府來臺，旋於次年引咎辭職，赴美國以養雞賣蛋維生，時間長達二十年。陳先生於養雞餘暇，著手撰著《四書道貫》，而於民國五十五年完成。其書本於孔子「吾道一以貫之」[4]之旨，並依朱熹「讀《大學》以定其規模」[5]之意，除總論及結論外，計分八篇，以《大學》格物、致知、誠意、正心、修身、齊家、治家、平天下八條目作為架構，將《論語》、《孟子》、《大學》、《中庸》所有的文句納於此架構之下，並以己意加以貫串而成。這種作法，是從朱熹集結《四書》以來所未嘗有，確實可以成為一家之言。

　　《四書道貫》出版以後，很受各界重視，不斷再版，且被翻譯成多種外文，又被部分高級中學採用為中國文化基本教材的教科書。十幾年後，適逢教育部修訂並發布新的《高級中學課程標準》，國立編譯館乃敦聘陳先生為《中國文化基本教材》編審委員會主任委員，由委員林品石先生執筆，依照《四書道貫》的架構，配合教學鐘點，減少分量，編成教科書。不料，從民國七十二年開始推出使用之後，反彈聲浪越來越大，國立編譯館熊先舉館長還為此邀請潘重規、林尹、華仲麐及　先生四位教授，巡迴北中南東各地區作疏通，但收效甚

4　《論語・里仁》：「子曰：『參乎！吾道一以貫之。』曾子曰：『唯。』子出，門人問曰：『何謂也？』曾子曰：『夫子之道，忠恕而已矣！』」朱熹撰：《四書章句集注》（臺北市：大安出版社，2005 年，第 1 版第 5 刷），頁 96。

5　黎靖德編：《朱子語類》：「某要人先讀《大學》，以定其規模。次讀《論語》，以立其根本。次讀《孟子》，以觀其發越。次讀《中庸》，以求古人之微妙處。」（臺北市：文津出版社，1986 年 12 月），頁 249。

微。後來曾濟群先生擔任館長，因曾先生原為政治大學教授，與筆者有同事之誼，打聽到筆者與陳先生有師生關係，且來往密切，前來請託轉達希望能將大家反對最力的部分改寫。筆者除了轉達曾館長之意，並取得陳先生同意作部分修正外；又要求曾館長送筆者一套六冊的《中國文化基本教材》，以便研閱而了解問題的所在。

有一回，陳先生找筆者談論籌畫學術活動事宜，結束之後，陳先生主動表示最近因所編教科書受到大家反彈而頗為困擾。由於筆者已事先研閱整套書，也了解問題所在，認為機不可失，乃舉若干實例，如將《中庸》的「誠」解釋為電能、熱能、原子能等，認為師生實難以理解。陳先生對筆者解釋，這只是一種譬喻，用意在於指明「誠」是一種動力。筆者隨即請教陳先生，略謂不敢自認程度超過所有的高中國文教師，但敢確信程度高於所有高中國文教師的平均水準，先生是否同意？陳先生忙不迭的說：當然，當然。筆者表示：今天有幸聆聽先生的解說，並了解先生的用意，但高中教師沒機會聽到解說，平均程度又低於筆者，不了解用意所在，又如何去教導學生？又謂：由於《四書》各有其義理系統，現既將其冶為一爐，但高中學生對《四書》只是入門，難以融會貫通，學習起來勢必事倍功半，當然會反彈。陳先生聽完，沈思了一會兒之後也同意筆者的看法，並問筆者該怎麼辦才好？筆者答以除了改編之外，別無他法。陳先生乃商請國立編譯館增聘筆者為委員，提出改編計畫，經編審委員會通過後，即進行改編事宜。

陳立夫先生於編審委員會通過改編計畫後，即向國立編譯館請假，會議乏人主持，大家乃公推　先生暫代其職主持會議，不料林品石先生竟極力反對改編，阻撓會議的進行，　先生大怒，斥責其不知時宜。會後，陳先生獲知其事，要求林先生不能再反對，並請他不要再出席會議，改編工作始順利進行。事後回想，若不是　先生的雷霆

一怒，《中國文化基本教材》是否能改編完成，其實還有變數。

　　改編工作進行一段時日後，陳先生告訴筆者，為表示負責，已決定辭去主任委員一職，並擬推薦委員中的前教育部部長朱匯森先生繼任，以此詢問筆者意見。筆者告以朱先生雖曾任教育部部長，但究非學者，恐遭質疑，不如請正擔任高級中學國文教科書編審委員會主任委員的　先生兼任，蓋《中國文化基本教材》課程本皆由授國文課程的教師擔任，兩者合一乃理所當然之事。陳先生深以為然，於請辭之時推薦　先生繼任，惟　先生堅決回拒，眾人皆不知原因何在？　先生私下告訴筆者：當初對原版本反對甚力者，多半是　先生教過的學生，如接任主任委員之職，恐怕會被誤會為爭取此一職位，竟發動學生反彈。　先生為顧及清議而如此謹慎，誠令人敬佩。按國立編譯館所編教科書數千百種，但只有改編版的《中國文化基本教材》編審委員會的主任委員就此從缺，恐怕也是一項歷史紀錄吧！[6]

五　結語

　　溯自民國五十九年，筆者開始列身於　先生門墻之始，但見　先生身裁偉岸，講課認真嚴肅，對於　先生確實有一種「望之儼然」的感覺。其後與　先生來往日益密切，更多受誘掖啟導，尤其是到了　先生晚年，更時時以心事相告，深刻感受到其「即之也溫」的一面。而對　先生待人之誠懇和氣，以及其處事之嚴謹周密，更是點滴在心，並時時引以為個人修養的資藉，在與人相處或辦理事情時，雖不敢自認盡符　先生之期望，但已盡可能的掌握應有的分寸，則　先生

6　拙著：〈我所認識的文化人陳立夫先生〉可參，收錄於東吳大學人文社會學院編：《二十世紀人文大師的風範與思想【後半葉】》，頁483-493。

之沾溉於筆者的亦既深遠矣！

　　本文即將撰述完畢，展讀　先生的傳記及著述，披覽　先生的手澤，懷想　先生生前的種種，誠有所謂「音容宛在」之感。文天祥〈正氣歌〉云：「哲人日已遠，典型在夙昔。」旨哉斯言！

　　　　　　——原刊於政治大學中文系《高明教授百歲冥誕紀念
　　　　　　　　學術研討會論文集》，二〇〇九年十月。

參
望之儼然，即之也溫，見其行也合乎時措之宜

　　與黃錦鋐老師結緣，是在我就讀大三時，修了老師所開設「國文教材教法」的課程。每個星期兩堂課，一班五十多人，師生之間幾乎沒有什麼互動可言。再加上課程屬性的關係，老師又接受過日本教育，上課時只感受到老師的嚴肅認真。記憶中老師在課堂上也好像從來沒有講過任何笑話，或有過任何令人發噱的舉動。基於上述的各種原因，對老師的印象一開始即停留在「望之儼然」的層面。

　　大學畢業後，與老師見面的機會並不多，偶爾見面，也只是行師生之禮儀而已。直到民國七十二年，奉高明老師之命，參與國立編譯館國中國文教科書的編輯，與黃老師的互動才開始密切起來。當時老師是教科書編審委員會的委員之一，我則是該委員會下編輯小組兩位成員之一，與另位成員負責編輯教科書，每冊編完三分之一後，即逐次送交編審委員會當面審查。如此在三年六冊教科書的編審過程中，與老師同席開會的次數也就相當頻繁了。

　　編審委員會的委員共有二十多位，包括學科專家、課程專家、教育行政人員、國中國文現職教師等。由於每位委員的學養不同，關注點也有差異，彼此的看法有時還會相互牴牾。例如某位委員只會挑錯別字，有時還挑錯了；某位委員對「問題討論」常有意見，認為層次太低，卻忽略了我們的對象是國中生而非大學生；也有某位委員認為不應該選用〈麥帥為子祈禱文〉，理由是麥帥堅決反共，對他返鄉探親恐有安全的顧忌；更有某位委員認為選了〈古詩十九首〉中的作品，

卻不知作者為何人而在作者欄中題作「佚名」，以此指責編者不夠用心；……對於他們所提的意見往往造成編輯小組的困擾，更考驗著編輯小組的應對及處理能力。

所幸委員之中有很多學識淵博又夙負眾望者，願意在關鍵的時刻提供意見，甚至為編輯小組緩頰，黃老師即屬其中之一。他所提的建議每每補充了編輯小組的疏漏，又幫編輯小組化除了許多困擾，每當面對此種情形，可想而知的對身為編輯小組成員的我來說，可以說是感到十分窩心的。不過窩心儘管窩心，但是因為老師在提出他的意見時，仍然是一派的嚴肅認真，我對老師的印象依舊是停留在「望之儼然」上。

民國八十一年，高明老師不幸謝世，黃老師在眾望所歸之下，接任國中及高中國文教科書編審委員會的主任委員，我不僅繼續負責編輯國中國文教科書，又被老師延攬為高中國文教科書編審委員會下編輯小組的成員之一，也參與了高中國文教科書的編輯。除了為編輯教材，經常向老師請教並討論以外，還多次在老師帶領之下，到各縣市與現場教師座談，或召開公聽會，以蒐集他們的意見。與老師的接觸益加密切，互動極為頻仍，對老師的印象遂有了很大的改變。

首先感受到的是老師除保持他處事一貫的認真態度以外，私底下其實相當幽默，不僅會開我們的玩笑，也能接納我們對他開玩笑。舉例而言，當政府宣布民國三十九年大陸來臺人士可以返鄉探親不久，陸續爆發出一些人原來在大陸早有妻兒。猶記得有一次開編審委員會時，因費時頗為冗長，氣氛也顯得嚴肅，在討論到某個年代換算問題時，我也不知為什麼突然想到在老師成長的年代，一般人都很早婚，當年老師來臺時已年逾二十，藉坐在老師身旁之便，請問老師在大陸是否有位師母？老師聽了之後不僅不以為忤，還向大家宣布說董金裕剛剛問了一個很奇妙的問題，並將經過講出來。原來嚴肅的開會氣氛

就此打破，也許就是經此調劑，接下來的會議倒是進行得頗為順利。經此一事件，我才發現老師原來有其「即之也溫」的一面。

除了能開玩笑，更難得的是老師有時還會自我調侃，把自己遭遇的糗事講出來。最有趣的當屬老師擔任淡江文理學院（現已改制為淡江大學）中文系系主任時，有一回與朋友聚餐，飯後為了送已喝醉、時任中國文化學院（現已改制為中國文化大學）中文系系主任的陳新雄老師回家，因不曉得陳老師家的確實地址，誤闖外籍人士的住宅，結果被警察請到派出所，但整晚卻連絡不到可以證明兩人身分的人，竟被留置到天亮查明身分後才能回家。兩個大學中文系系主任被警察「拘留」了一晚，夠丟臉了吧！但黃老師講起來卻是雲淡風輕，彷彿事不關已似的。於是我又更加體認到老師「即之也溫」的一面。

老師性喜熱鬧，善飲，好美食，為人很慷慨，常作東邀集大家聚餐，席間或互開玩笑，或彼此調侃，酒酣耳熱，談笑風生，其樂融融。至今思之，猶令人懷念不已。

在編輯國中、高中國文教科書的過程中，對黃老師處事之能合乎時宜，感受最深的有兩件事：

第一件事是以往的國中國文教科書選錄了多篇國父及先總統蔣公的文章，但這類文章的教學效果不佳，並不受師生歡迎，因此當高明老師在世時，我即獲得他的默許，逐冊減少選錄篇數（其詳我已在政治大學於民國九十八年出版的《高明教授百歲冥誕紀念學術研討會論文集・高仲華老師的待人與處事》中說明）。黃老師接任編審委員會主任委員後，對這種作法仍予以支持，終於將這類文章完全排除於教科書之外，事實證明這種作法明顯獲得絕大多數教師的肯定。在尚未解嚴的年代，而能將教材的編輯回歸語文教育的本位，高、黃兩位老師的開明胸襟，我至今仍感念在心。到了後來編輯高中國文教科書時，有位編輯小組的成員再三提出應選錄國父或先總統蔣公文章的要

求，黃老師在委婉表示並不適宜後，並不獨斷否決其所請，而交由大家公決，才未遂該成員之所願。

第二件事是原來不論國中或高中國文教科書編審委員會下的編輯小組成員，亦即實際負責教科書編輯工作者，向來都是由大學教授擔任。但據我長期的觀察及了解，體會到如能在編輯小組中加入教學現場的國、高中國文教師，則所編出來的教科書應當更能合乎教學的實際需要。於是找機會提出建言，黃老師也欣然同意，先從國中開始，然後推及高中，在教科書的編輯史上，有現場教師的參與，其實是由老師拍板定案的。事實也證明了這種作法明顯獲得絕大多數教師的肯定，而一直實施至今。

從「望之儼然」，到「即之也溫」，到發現其處事的能合乎時宜。數十年來，除見識到黃老師一貫的認真態度以外，更感覺到老師態度的溫和親切，尤其領略到老師在處理事情時能秉持開放的心胸，掌握時代的脈動，而採取合宜的措施。我感受甚深，學習到的也很多。在全文即將撰述完畢之際，懷想老師生前的種種，誠有所謂「音容宛在」之感，遂不期然而然的興起無限嚮往的心情。

——原刊於《國文天地》第二十八卷第二期，

黃錦鋐紀念專輯，二〇一二年七月。

肆
儀型猶在
── 記高明老師的人格風概

　　時光荏苒，高明老師於民國八十一年謝世迄今，轉眼已逾二十年。每一思及老師生前的聲情笑貌，便猶如仍在目前。年輕時總認為「音容宛在」不過是悼念逝者的格套語，並無深刻的感覺，及至中年以後，親近敬愛的長輩陸續離開人世，才確實體悟到此一詞語形容的貼切。

　　筆者於臺灣師範大學國文系畢業，經教學實習、服兵役各一年以後，在民國五十九年入政治大學中文研究所碩士班就讀，開始受教於高老師。民國六十二年，復升博士班深造，並在老師及熊公哲老師的共同指導下完成博士論文。然而博士班畢業後即至臺中靜宜女子文理學院任教，難以常侍門庭，但每年老師華誕及春節，皆前往拜謁恭賀。迨民國七十二年返回母校政治大學中文系服務，乃有幸較常聆聽老師的教誨。尤其是有若干年，因與老師同時段而且在相鄰教室上課，課間又同在教授休息室小歇，有更多的機會與老師相處。蒙老師不棄，每每將其待人處事的經驗，以至於家庭的瑣事告訴筆者，對筆者啟沃既多且倍覺親切，而筆者對老師除了尊仰之意以外又增添了一份孺慕之情。也因此，政治大學中文系於民國九十七年，舉辦「高明教授百歲冥誕紀念學術研討會」，以筆者與老師較親近，邀請筆者作主題演講，筆者欣然應命，而以「高仲華師的待人與處事」為題，分為「對學生」、「對家人」、「編輯國立編譯館國民中學國文教科書」、

「編輯國立編譯館高級中學《中國文化基本教材》教科書」四節，各
舉數事為例，以見老師待人態度與處事風格的梗概。[1]

　　《孔孟月刊》在總編輯蔡信發教授的策畫之下，分期介紹國學界
大師，如林尹先生、王靜芝先生、戴君仁先生……等人的人格涵養與
學術成就，作為後生的典範，用心至為深切。擬繼續以高明老師為對
象，邀稿於筆者，筆者深感榮幸，因此銜命以「儀型猶在 ── 記高
明老師的人格風概」為題，將親耳聽聞老師之所述及筆者之所見者，
隱括《論語》詞句，分為「溫而厲」、「可與權」、「舉所知」三節，
亦各舉數事為例，以見老師風格氣概之一斑。

一　溫而厲

　　《論語・述而》記載：

　　　子溫而厲，威而不猛，恭而安。

描述孔子之容態中和，莊敬自然。其中「溫而厲」意指孔子待人處事
態度溫和卻不失其嚴正。

　　接觸過高老師的人幾乎都對他慣有的「呵！呵！呵」的笑聲印象
十分深刻[2]，其個性之爽朗、待人之親切由是可見。「疾言厲色」對老

---

1 董金裕撰：〈高仲華師的待人與處事〉，收錄於國立政治大學中國文學系編《高明教授百歲
　冥誕紀念學術研討會論文集》（臺北市：國立政治大學中國文學系，2009 年 10 月，初
　版），頁 1-8。本文內容與該文略有重複，但記敘角度不同，特此說明。

2 許多訪問或追念高老師的文章皆提到他的笑聲，如游淑靜撰：〈他編了第一套國文教科書
　── 訪高明教授〉：「他那金字招牌『呵！呵！呵！』的笑聲，爽朗而暢快地蕩漾在空氣
　中。」見《國文天地》第 11 期，1986 年 4 月，頁 12-15。陳慶煌撰：〈國家文學博士的宗
　師 ── 高明的一生〉：「老師神采奕奕，慣有的『呵！呵！』笑聲不絕於耳。」見《中外雜

師而言，好像是絕緣體，然而筆者卻兩次親見老師大發雷霆，然由此正可顯現老師的剛正不苟。

　　第一次是民國七十七年，由林品石先生據陳立夫先生《四書道貫》編寫而成的《中國文化基本教材》教科書，由於各方反應未能切合實際教學需要，經筆者向國立編譯館《中國文化基本教材》編審委員會主任委員陳立夫先生建言，陳先生乃商請國立編譯館增聘筆者為委員，負責改編事宜。陳先生為表負責，並向國立編譯館請假，且準備辭去主任委員之職，編審委員會開會時乏人主持，大家乃公推高老師暫代其職主持會議，不料林品石先生竟極力反對改編，多方阻撓會議的進行，老師大怒，指斥其無視多年來反彈聲浪之大，簡直是不知時宜，不懂變通。所幸會後陳先生獲知情形，要求林先生不能再反對，並請他不要再出席會議，改編工作始得以順利進行。[3]

　　另一次已忘記其年代，在某一回的國立編譯館國民中學國文教科書編審委員會上，各委員各據己見對已編就的課文初稿進行審查，其中一位擔任教育部科長的年輕委員，並未對初稿內容提出看法，反而雜七雜八的扯了一大堆，細聽其發言內容，居然儼如是長官的訓話。在大家面面相覷之際，高老師桌子一拍，大發其雷霆之怒，厲聲說大家都是為了下一代的語文教育殫思竭慮，並不是來聽訓的。經此一頓當頭棒喝，該委員從此就不再出席會議，以後的會議也就比較能在就事論事的正常狀態下順利進行了。

誌》第 53 卷第 6 期，民國 82 年 6 月。趙莒玲的訪問稿甚至即以此為題：〈他呵！呵！呵！的笑，忘了「老之將至」──訪高明〉，見《自由青年》75 卷 3 期（1986 年 3 月），頁 4-9。

3　其詳可參董金裕撰：〈我所認識的文化人陳立夫先生〉，收錄於東吳大學人文社會學院編《二〇世紀人文大師的風範與思想【後半葉】》，（臺北市：臺灣學生書局，2007 年 2 月，初版），頁 483-493。及董金裕撰：〈高仲華師的待人與處事〉。

二　可與權

《論語・子罕》記載：

> 子曰：「可與共學，未可與適道。可與適道，未可與立。可與
> 立，未可與權。」

從「共學」、「適道」、「立」以至於「權」，層層推展，可見凡事能權衡
輕重，以合乎時措之宜，在孔子的心目中，實為一種極高的智慧能力。

高老師十九歲即奉父母之命，與同鄉卜秀英女士結婚，育有二子
一女，家庭生活本來極美滿。不料到了民國二十六年，日軍侵華，老
師輾轉抵達後方，因戰亂之故，難以攜眷同行，獨留賢慧的卜女士在
家鄉奉事公婆，撫育兒女。及至對日抗戰勝利，老師因職務之故，仍
無法返鄉，直到民國三十七年初，始轉職回鄉，與家人團聚而樂享天
倫。不料未及一年，赤禍燎原，老師被迫又隻身輾轉來到臺灣，再度
因戰亂而與家人分隔兩地。

大陸淪陷以後，高老師即多方設法，試圖接出困於家鄉的妻兒，
惜皆不得要領。甚至到了民國四十五年，不惜辭卸政治大學教務長兼
文學院院長之職，應香港中文大學聯合書院之聘，擔任高級講師兼中
文系系主任。此行除整頓系務以外，最大的心願其實乃在藉助地利之
便謀求營救家屬。不料中共不僅不同意放人，反而因為老師曾任中國
國民黨西康省黨部書記長、創辦國民日報而為社長、西北大學中文系
系主任兼教務長……等職，認為具有統戰價值，竟然以家屬為人質，
試圖誘引老師回大陸。老師在權衡情勢之後，遂決定放棄營救而毅然

於民國五十三年返臺。[4] 所幸有此一明智決定，老師才能在臺灣栽培無數秀異弟子，並安享其晚年。否則在大陸往後一連串的鬥爭中，恐不免遭受慘酷的整肅。

高老師在旅居香港的多年中，有一次家中遭匪徒闖入，並以生命威脅要索金錢。匪徒雖然蒙面，但老師從其口音及身形判斷，確定是一位朋友不學好的兒子，仍佯裝不認識而虛以委蛇，最後在匪徒的脅迫下開了一張支票交付。結果是老師既保障了自己的安全，更出人意料之外的竟然並未遭受任何金錢的損失，原來老師在開立支票時，故意在簽名處變更平日慣用的字體，匪徒終因簽名不符而無法順利兌領支票。老師臨危不亂，於權衡得失之後採取應變措施，終為自己解除了一時之危。

三　舉所知

《論語・子路》記載：

> 仲弓為季氏宰，問政。子曰：「先有司，赦小過，舉賢才。」曰：「焉知賢才而舉之？」曰：「舉爾所知。爾所不知，人其舍諸？」

記敘孔子因仲弓之問，強調為政要能知人善任。為政如此，栽培學生又何嘗不然！

筆者於民國六十六年獲得博士學位以後，即應臺中靜宜女子文理

4　其詳可參董金裕〈高仲華師的待人與處事〉，頁 1-8。

學院之聘擔任教職，常利用課餘之暇撰寫有關宋儒學行之文章，分別
投稿於《中央日報・文史專刊》、《孔孟月刊》……等刊物。內容重在
介紹各家行誼，連帶及於其學術思想，藉以顯現宋儒的風範。文章陸
續刊出以後，頗獲讀者喜愛，對筆者確實起了很大的激勵作用。[5]

　　到了民國六十八年，出生於民國前二年的高老師因年屆七十而退
休，雖仍在校兼課，但每週不能超過四小時，所空出來的課程中有一
門在中文研究所開設的「宋明理學研究」，因老師看過筆者之前所寫
有關宋儒的文章，認為筆者足以勝任此課程，而極力向所長推薦。不
僅如此，當筆者很高興的接下此課程，前往拜謁老師，向他請教如何
教學時，老師還很欣喜的拿出他的筆記借給筆者影印參考。老師對筆
者的提拔愛護之心，至今仍讓筆者感念不已。

　　民國七十二年二月，筆者剛回政治大學任教不久，有一天中文系
系主任李威熊先生告訴筆者，稱高老師打電話到系辦公室，要筆者前
往晤談。筆者銜命拜見，老師告以教育部剛修訂公布《國民中學國文
課程標準》，必須重組國民中學國文教科書編審委員會，改編教科
書。國立編譯館已聘老師擔任主任委員，老師考慮再三，認為筆者畢
業於臺灣師範大學國文系，接受過國文教材教法的訓練，復又就讀政
治大學中文研究所碩士班、博士班，並曾在私立大學服務，對非師範
體系的學校也有所接觸了解，眼界會比較開闊，思慮也會比較周全，
遂命筆者負責國民中學國文教科書編纂事宜，但必須找一位任教於臺
灣師範大學國文系的教授配合。從此開啟了筆者迄今已達三十年之久
的編纂教科書經歷，從中學習很多，也成長很多。此種機緣來自於老

5　後來筆者將所撰就之文章，包括正文二十篇、附錄兩篇，結集為《宋儒風範》，於民國
　　六十八年十月由東大圖書公司出版，並於隔年獲中正學術獎之肯定。

師，在整個過程中更深受老師的啟發指導，才能克盡其職，為國語文教育奉獻心力。[6]

四 結語

《論語・子張》記載子夏描述君子之容態說：

> 君子有三變：望之儼然，即之也溫，聽其言也厲。

朱熹《論語集注》引程子之語，以為此章所述氣象「惟孔子全之」[7]，信然。

高老師身材偉岸，神情嚴肅，靜默時自然具有一股凜然不可侵犯的威嚴。然而與其接觸之後，隨時可聽見他「呵！呵！呵」的爽朗笑聲，感受到親切的一面。他對待學生總能發掘其可取之處，並且善加培育裁成。處理事情時更能權衡輕重，掌握分寸，適時顯現其嚴正的態度。如是，子夏之語如用來描述老師，豈不是也十分適切！

—— 原刊於《孔孟月刊》第五十一卷第七、八期，
二〇一三年四月。

---

6 其詳可參董金裕「高仲華師的待人與處事」，頁1-8。

7 朱熹《論語集注》：「程子曰：『他人儼然則不溫，溫則不厲。惟孔子全之。』」（臺北市：大安出版社《四書章句集注》，2005年8月，第一版第五刷），頁265。

語文教學叢書 1100005

統編本　國中、高中國文教科書叢談

作　　者	董金裕
責任編輯	吳家嘉
特約校稿	林秋芬

發 行 人	陳滿銘
總 經 理	梁錦興
總 編 輯	陳滿銘
副總編輯	張晏瑞
編 輯 所	萬卷樓圖書股份有限公司
排　　版	菩薩蠻數位文化有限公司
印　　刷	百通科技股份有限公司
封面設計	斐類設計工作室

發　　行　萬卷樓圖書股份有限公司
　　　　　臺北市羅斯福路二段 41 號 6 樓之 3
　　　　　電話 (02)23216565
　　　　　傳真 (02)23218698
　　　　　電郵 SERVICE@WANJUAN.COM.TW
大陸經銷　廈門外圖臺灣書店有限公司
　　　　　電郵 JKB188@188.COM

ISBN 978-957-739-870-3
2015 年 8 月初版二刷
2014 年 5 月初版
定價：新臺幣 260 元

如何購買本書：
1. 劃撥購書，請透過以下郵政劃撥帳號：
　　帳號：15624015
　　戶名：萬卷樓圖書股份有限公司
2. 轉帳購書，請透過以下帳戶
　　合作金庫銀行 古亭分行
　　戶名：萬卷樓圖書股份有限公司
　　帳號：0877717092596
3. 網路購書，請透過萬卷樓網站
　　網址 WWW.WANJUAN.COM.TW
大量購書，請直接聯繫我們，將有專人為
您服務。客服：(02)23216565 分機 10

如有缺頁、破損或裝訂錯誤，請寄回更換
版權所有·翻印必究
Copyright©2014 by WanJuanLou Books CO., Ltd.
All Right Reserved　　　　　**Printed in Taiwan**

國家圖書館出版品預行編目資料

統編本　國中、高中國文教科書叢談 / 董金裕
著. -- 初版. -- 臺北市：萬卷樓, 2014.05
　　面；　　公分. –(語文教學叢書)

ISBN 978-957-739-870-3(平裝)

1.國文科 2.教科書 3.中等教育

524.31　　　　　　　　　　　　103007995